Du même auteur

L'homme, la nature et le développement,
L'Harmattan, 2017.

5-7, rue de l'École polytechnique, 75005 Paris

http://www.harmattan.fr

ISBN : 978-2-343-13038-5
EAN : 9782343130385

Problématique d'appropriation des technologies modernes par la société madarè du Burkina Faso

Diaboado Jacques THIAMOBIGA

Problématique d'appropriation des technologies modernes par la société madarè du Burkina Faso

L'Harmattan
Burkina Faso

SOMMAIRE

SIGLES ET ABRÉVIATIONS 9

REMERCIEMENTS 13

INTRODUCTION GÉNÉRALE 15

CHAPITRE I
CHAMP SÉMANTIQUE DE L'APPROPRIATION 23

1.1. ÉTAT DE LA QUESTION 23

1.2. ÉPISTÉMOLOGIE DE L'APPROPRIATION 29

1.3. FONDEMENTS ET ENJEUX
DE L'APPROPRIATION 64

1.4. SOLUTIONS DE L'APPROPRIATION
DES TECHNOLOGIES 92

1.5. MÉTHODE DE LA RECHERCHE 99

CHAPITRE II
SOCIÉTÉ MADARÈ 115

2.1. SOCIÉTÉ MADARÈ 115

2.2. SITES DE LA RECHERCHE 157

SIGLES ET ABRÉVIATIONS

ASVE	Activités de Suivi et de Visite de l'Exploitation
ATG	Activités de Travail de Groupe
BCEAO	Banque Centrale des Etats de l'Afrique de l'Ouest
BDPA	Bureau du Développement pour la Production Agricole
BF	Burkina Faso
BIT	Bureau International du Travail
BRD	Bureau de Recherche-Développement
CA	Conseil d'Administration
CC	Comité de Contrôle
CDR	Comité de Défense de la Révolution
CFA	Compagnie Financière Africaine
CFFA	Centre de Formation des Formateurs des Agriculteurs
CFD	Caisse française pour le Développement
CFDT	Compagnie française pour le Développement des Textiles
CIDR	Compagnie Internationale du Développement Rural
CRPA	Centre de Promotion Agro-pastorale
CSPPA	Caisse de Stabilisation des Prix des Produits Agricoles
DDT	Dichloro Diphényl Trichoroéthane
DEA	Diplôme d'Etudes approfondies
DVA	Direction de la Vulgarisation Agricole
FAC	Fonds d'Aide et de Coopération
FLEX-Faso	Fruits et Légumes du Faso
GT	Groupe de Travail
GVH	Groupements Villageois des Hommes
GVF	Groupements Villageois des Femmes
IES	Institut d'Ethnosociologie
IER	Institut d'Economie Rurale
INERA	Institut de l'environnement et de Recherches Agricoles
IPN	Institut des Peuples Noirs
ISA	Institut des Savanes

MAG	Marché Auto-Géré
OFNACER	Office National des Céréales
ONG	Organisation Non- Gouvernementale
ORD	Organisme régional de Développement
OST	Organisation Scientifique du Travail
PAPEM	Point d'Appui de Prévulgarisation, d'Expérimentation Multilocale
PDAOV	Projet de Développement Agricole Ouest-Volta
PDRI	Projet de Développement rural Intégré
PVOV	Projet Vivrier Ouest-Volta
RSP	Recherche sur les systèmes de production
SATEC	Société d'Assistance technique et de Coopération
SCOBAM	Société Coopérative du Bam
SIP	Société indigène de Prévoyance
SIX S	Savoir se Servir de la Saison Sèche de la Savane et du Sahel
SR 22	Variété de Maïs résistante au Streak
SOFITEX	Société (burkinabé) des Fibres et Textiles
SOMIMA	Sorgho, Mil, Maïs
SONACOR	Société Nationale de collecte et traitement du Riz
UCOBAM	Union des Coopératives Burkinabé Agricoles et Maraîchères
UEA	Unité d'Encadrement agricole
UNICEF	Organisation des Nations Unies pour l'Enfance.

À Toi, Bénédicte, notre chère fille, Toi qui as été prématurément arrachée à notre affection, le 7 avril 1987 !

REMERCIEMENTS

Nous voudrions avant de présenter ouvrage, exprimer notre profonde gratitude aux amis, aux parents, aux collègues, au peuple madarè et celles et ceux qui nous ont apporté leurs soutiens multiples et multiformes, lors de nos travaux.

Nous remercions particulièrement :

– Les enseignants de tous les cycles qui du primaire au supérieur en passant par le secondaire, ont contribué efficacement à notre formation intellectuelle, humaine et sociale ;

– Tous nos parents et amis qui ont consenti des sacrifices incommensurables pour notre formation ;

– Monsieur KOUAKOU N'GUESSAN François, Professeur honoraire de sociologie de l'Université Alassane OUATTARA de Bouaké de la Cote d'Ivoire pour avoir assuré notre académique lors de la préparation et la soutenance de la thèse de doctorat de 3è cycle ;

– Monsieur Ambroise ZAGRE, Maître de Conférences de sociologie à la retraite et recteur de l'Université Libre du Burkina pour son soutien constant qui n'a cessé de nous soutenir par ses conseils,

– Son Excellence, Monseigneur Anselme Titianma SANON, Archévêque Emérite de Bobo-Dioulasso Evêque de Bobo-Dioulasso pour son soutien ses conseils ;

– Le peuple madarè qui a accepté de partager sa culture et son amitié avec nous ;

– Les parents et les amis pour leurs précieux appuis.

INTRODUCTION GÉNÉRALE

Le présent ouvrage est le fruit des travaux de recherche que nous menons les corrélations qui existent entre la culture, les technologies et le développement. Ces travaux ont été sanctionnés par une thèse de doctorat de 3è cycle que nous avons soutenue le 22 décembre 1998 à l'Université de Coccody/Abidjan de Côte d'Ivoire. L'essentiel de l'ouvrage est tiré de cette thèse. Il traite de la problématique de développement des sociétés contemporaines. Cette problématique en se pose en termes de savoir comment décrypter l'énigme « cultiver, c'est développer, et développer, c'est cultiver ». Au sens étymologique, cultiver, c'est travailler la terre pour l'amener à fournir aux hommes ce qu'elle cache au plus profond d'elle-même. Elle leur révèle ce qu'elle leur cache. C'est à ce niveau que cultiver devient synonyme de développer qui veut dire faire découvrir ce l'enveloppe cache en elle.

Or pour cultiver comme pour développer, il faut un ou des outil (s). Le cultivateur utilise la daba pour déchirer le ventre de la terre. Le développeur utiliser un couteau pour déchirer le ventre de l'enveloppe. Dans les cas, c'est l'homme qui cultive la terre, c'est l'homme qui déchire l'enveloppe. Il doit avoir des outils qui lui sont non seulement propres, mais appropriés.

Il doit donc s'approprier ou approprier les outils de culture et les outils de développement. Dans ces conditions, il est légitime de se demander comment l'homme peut s'approprier les outils pour cultiver la terre ou pour se développer ? Cette question se pose de nos jours avec acuité quand on sait que l'homme fabrique des plus en plus des technologies modernes qui, mal utilisées, peuvent le détruire (armes de destructions massives, les pesticides pollueurs de l'environnement, etc.).

En somme, le danger qui menace actuellement le fondement existentiel des sociétés contemporaines, c'est la non-appropriation par elles des technologies modernes qu'elles mettent au point.

Si cette problématique du développement se pose aux sociétés industrialisées, elle l'est davantage pour les sociétés non encore industrielles qui servent souvent des champs d'expérimentation, voire de dépotoir à ces technologies modernes. C'est le cas des sociétés burkinabè en général et de la société madarè en particulier.

Ces sociétés sont majoritairement rurales et agricoles. Elles restent encore largement ancrées à leurs traditions et pratiques une agriculture peu performante. Sa contribution au produit intérieur qui était de 40 % (MAHRH, 2011) serait plus grande si cette agriculture employait des technologies modernes (cultures attelée et motorisée, riziculture irriguée, etc.). Son faible niveau de performance est tributaire à la fois à la dégradation continue des terres agricoles, au faible niveau d'équipement des acteurs et au bas niveau d'utilisation d'intrants agricoles notamment les semences, les engrais, etc. (DDEA, 2014). Les trois quarts (3/4) des exploitations agricoles sont de type familial. Elles pratiquent dans leur majeure partie une agriculture de substance (LANKOANDE, 2013).

C'est dire donc que l'agriculture burkinabé reste toujours peu mécanisée et rencontre des difficultés à se moderniser. Or le contexte international exige une agriculture performante et capable de faire la concurrence avec l'agriculture des autres pays sur le marché international. Ce n'est pas encore le cas/ Qui pis est, cette agriculture ne produit suffisamment pour assurer durablement la sécurité alimentaire du pays qui a un taux de croissance démographique est de 3 %.

La modernisation de l'agriculture et même sa professionnalisation deviennent des exigences du développement du pays (MAH, 2012). C'est dans cette optique que le pays a initié dans les années 90 une politique d'incitation aux investissements dans la production agricole (DDEA, 2014).

Tous ces faits montrent que les sociétés burkinabè dans leur ensemble ne sont pas encore arrivées à s'approprier les technologies agricoles modernes pour en faire les outils de leur développement. C'est le cas de la société madarè qui se trouve à cheval sur deux régions propices à l'agriculture (les régions des Hauts-Bassins et la boucle du Mouhoun, comme le montre la figure 1.

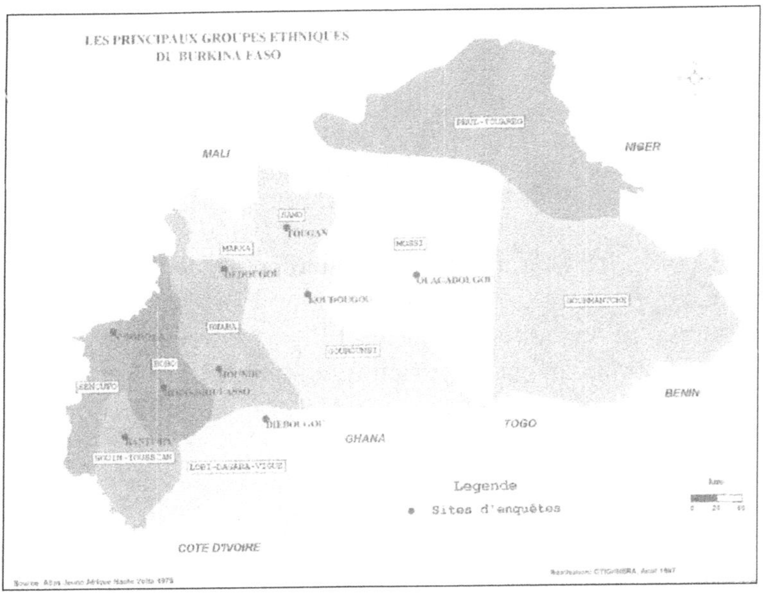

Figure 1. Principaux groupes ethniques.

Cette société se trouve dans la zone sud-soudanienne dans les isohyètes comprises entre 900 et 1 200 mm par an comme l'indique la figure 2.

Figure 2. Zones agroécologiques du Burkina Faso (DEMBELE, 1995).

Cette société n'avait pas facilement accepté, dans les années 60, l'emploi des technologies agricoles modernes, notamment la culture attelée. Elle avait peur de la déstructuration de son agriculture qu'elle pratiquait de manière séculaire, ce qui allait entraîner sa propre déstructuration.

Plus de cinquante années après la fin de non-recevoir de ces technologies, elle s'est appliqué la maxime qui exige qu'elle se lave de l'eau du canari qu'elle porte sur sa tête, surtout ce canari par la force des choses s'est percé. Autrement dit, étant entrée de plain-pied dans la modernité, peut-elle encore avoir d'autres choix que celui chercher à d'en tirer avantageusement profit ?

Cependant, les technologies agricoles modernes qu'elle accepte d'employer ne sont pas forcément intégrées à son patrimoine technique, culturel. Elles peuvent restées comme le tronc d'arbre qui ne devient caïman parce qu'il a séjourné pendant dans l'eau du marigot. Ces images montrent que cette société ne s'est pas encore approprié ces technologies agricoles modernes. Elle peut donc employer ces technologies sans en être devenue propriétaire.

S'approprier ces technologies est synonyme de les enraciner à sa culture. C'est à ce niveau que nous avons des corrélations fortes entre la culture, les technologies et le développement de cette société. C'est dans cette perspective que nous avons affirmé au début de nos travaux de recherche sur l'appropriation des technologies agricoles modernes par la société madarè que cette société pour réaliser son développement à terme est obligée de s'approprier ces technologies en les enracinant à sa culture. C'est la thèse de l'appropriation des technologies agricoles modernes par cette société que nous avons élaborée et soutenue en 1998 à l'Université de Coccody devenue université Félix Houphouët BOIGNY.

Le lecteur est en droit de se poser alors la question de savoir pourquoi l'auteur publie cette thèse près de vingt années après sa soutenance. Il fait trois raisons majeures.

Premièrement, l'appropriation des technologies qui est aussi vielle que l'humanité est un thème d'actualité qui se renouvelle sans cesse, parce que l'homme met toujours au point des technologies de plus en plus performantes par son génie inventaire et inventif. Il crée en même temps les besoins pour les hommes d'employer les technologies aînées nouvellement mises au point pour satisfaire leurs besoins d'une part et pour être de plus en plus performants. C'est le cas de technologies de l'information et de communication qui sont devenues de nos jours le fer de lance du développement moderne des sociétés contemporaines.

Deuxièmement, la société madarè à l'instar des sociétés contemporaines ne peut véritablement se développer si elle continue d'employer ses technologies, certes, séculaires, mais peu performantes. Ou bien elle les innove, ou bien elle emploie de manière peu rationnelle des technologies modernes disponibles tout en prend soin de les adapter à son contexte voire à sa culture. Elle besoin à cet effet d'une stratégie d'appropriation de ces technologies.

Troisièmement, la société madarè à l'instar des sociétés contemporaines se trouve dans le contexte des changements climatiques qui l'obligent à employer des technologies agricoles modernes susceptibles de l'aider à s'adapter à ces changements climatiques. Dans ces conditions, l'appropriation devient une exigence du développement de cette société.

Il en résulte que l'appropriation des technologies modernes par non seulement la société Madère, mais par l'ensemble des sociétés contemporaines est d'un intérêt stratégique pour leur développement. Elle répond donc à une nécessité de leur développement surtout que beaucoup de technologies modernes peuvent leur porter des préjudices si elles ne sont pas utilisées de manière appropriée. C'est le cas des pesticides qui ont des effets pervers et pernicieux tant pour les hommes que pour leur environnement.

Notons toutefois que nous avons trouvé nécessaire d'actualiser beaucoup de données sociodémographiques et économiques de la thèse. C'est pour cela, nous appelons la présente thèse, thèse remaniée qui porte sur deux de huit sites de recherche notamment, Bobo-Dioulasso et Bama. D'ailleurs, nous avons fait l'option d'ajouter aux technologies modernes agricoles d'autres types de technologies (les technologies industrielles, managériales, etc.

Dans tous les cas, le présent ouvrage s'articule autour de trois chapitres. Le premier présente le cadre théorique (synopsis de la réflexion, revue de littérature assortie de l'explication de la problématique, des objectifs et des hypothèses de la recherche). Le deuxième décrit la société madarè, les sites de la recherche et la méthode de collecte et de traitement des données. Le troisième traite de l'appropriation des technologies agricoles modernes (capitalisation des théories et des pratiques, dimensions, effets induits, théorie et stratégie de l'appropriation.

CHAPITRE I

Champ sémantique de l'appropriation

1.1. ÉTAT DE LA QUESTION

La théorie que nous entreprenons de défendre porte sur les rapports qui existent ou qui peuvent exister entre la culture, les technologies et le développement de la société, particulièrement la société madarè du Burkina, qui au stade actuel de son développement reste encore largement ancrée à ses traditions séculaires. Elle fait d'elles voire de sa culture non seulement le témoin de références et de ses référentiels et même le miroir sur lequel son passé et son présent se projettent dans son avenir. De ce fait, elle est convaincue qu'elle ne peut se développer que si elle arrive à enraciner à sa culture les apports extérieurs, notamment les technologies modernes. Elle se fait sienne la sagesse bamabara citée par BELLONCLE. (1981), selon laquelle le tronc d'arbre aura beau séjourner longtemps dans l'eau, il ne deviendra pas pour autant caïman sous la forme d'une image.

Autrement, dit, il ne suffit pas de vivre très longtemps dans un milieu donné pour y être véritablement intégré. Nous avons trouvé qu'il est possible d'établir un parallèle entre l'image de l'arbre et du caïman et celle de la culture et du développement de la société rurale.

En effet, en examinant les rapports actuels existant entre la culture de la société rurale et le développement moderne, nous nous sommes demandé si à travers le long séjour de ce type de développement dans cette société il n'est pas aisé de le comparer au tronc d'arbre qui ne devient pas caïman si longtemps qu'il séjourne dans l'eau. Autrement dit, la société rurale est-elle arrivée à faire sienne le développement moderne ou alors ne le considère-t-elle pas comme un corps étranger à sa culture ?

Partant de la nature conflictuelle de leurs rapports que nous examinerons, de manière exhaustive, dans la thèse, nous avons été amené à répondre à cette question par l'affirmative. C'est dire que le développement moderne ne s'est pas intégré à la culture de la société rurale. Or, notre conception du développement d'une société consiste à soutenir "qu'il n'y a pas de développement véritable de cette société s'il ne s'enracine pas à sa culture". Autant dire que nous voudrions que le développement soit conçu à son image, et à sa culture et soit intégré à ses systèmes de valeurs et de représentations. Voilà ce que nous voudrions montrer ou démontrer en entreprenant des travaux de recherche sur l'appropriation du développement par la société madarè du Burkina et en élaborant une approche appropriative du développement.

L'élaboration de cette approche se révèle, aujourd'hui, comme une nécessité ; quand on sait que la société rurale est à la croisée des chemins de son développement. Elle a servi et sert encore de champ d'expérimentation à de nombreuses théories et stratégies de développement qui ont été conçues dans l'optique de son assistance technique, financière et économique. Aucune d'elles n'a envisagé de la rendre propriétaire de son développement à travers les technologies agricoles qu'elle acquiert par le truchement des contacts qu'elle a avec les autres sociétés.

Partant de ce constat d'ordre général, nous avons jugé utile d'apporter notre modeste contribution à la recherche des voies et moyens susceptibles de l'aider à devenir véritablement propriétaire de son développement en essayant d'élaborer une approche appropriative du développement rural à partir de l'étude du cas de la société madarè. À la phase actuelle de nos recherches, nous avons trouvé indispensable de faire la synthèse de nos travaux sous la forme d'une thèse de 3ème cycle de sociologie. Cette synthèse que nous présentons dans l'introduction générale consiste en un synopsis de la réflexion et à la mise au point de la démarche méthodologique de la recherche.

Par le synopsis de la réflexion, nous entreprenons de faire la synthèse des travaux antérieurs, assortie des interrogations et de la définition de l'objet de la thèse. Ces travaux nous enseignent que la fin du 20e siècle est marquée, entre autres, par un grand essor des technologies industrielles. Cet essor résulte du progrès technologique que l'humanité a connu à partir du 17e siècle, c'est à dire, à partir de la découverte de la machine à vapeur par Denis PAPIN (1690).

L'une des caractéristiques essentielles de cet essor est l'expansion de ces technologies à travers le monde entier. Cette expansion connaît, aujourd'hui, un développement réel par des échanges technologiques qui s'effectuent, non seulement, entre les pays industrialisés, mais aussi entre ce groupe de pays et ceux qui sont en voie d'industrialisation, notamment, les pays du Tiers Monde dont fait partie le Burkina. Ces échanges s'opèrent par des formes variées, parmi lesquelles il y a le transfert des technologies.

Ce transfert est devenu le moyen d'accession de ces pays dont les technologies tendent à devenir désuètes ou inadaptées aux exigences du développement moderne. C'est pourquoi il constitue, aujourd'hui, le champ privilégié de la recherche scientifique, socio-économique, sociologique, anthropologique, etc. C'est dans ce cadre que s'inscrit la présente thèse. En effet, le thème de recherche qui traite de l'appropriation des technologies et du développement de la société rurale madarè du Burkina, ne peut être examiné que dans la perspective du transfert de technologies agricoles à la société rurale du Burkina, dont est membre la société madarè. Le transfert de ces technologies s'effectue dans un cadre particulier de la recherche communément appelée recherche-développement. Il s'agit dans ce cas précis, du transfert des technologies agricoles mises au point dans les stations de recherches agricoles au profit de la société rurale et des producteurs ruraux.

Au Burkina, la recherche-développement est devenue le pivot de toute la stratégie de la promotion agro-pastorale du monde rural. Pour notre part, nous intervenons dans la recherche-développement depuis 1986. Nous avons été associé à la mise au point des variétés de maïs résistantes à la striure de maïs (maladie virale des feuilles de maïs entraînant des pertes non négligeables de la production maïzicole de l'ordre de 30 % et au transfert de ces nouvelles variétés notamment la Pozarica SR 22 aux producteurs maïzicoles de l'ouest du Burkina). Nous avons effectué cette recherche-développement avec SERE (1996).

Depuis lors, nous avons cherché à aller au-delà d'un simple transfert des technologies qui constitue une condition nécessaire, au développement de la société bénéficiaire de ce transfert. Nous avons estimé que si cette condition est nécessaire, elle n'est pas suffisante pourra induire les effets escomptés, car le concept de transfert de technologies agricoles à la société rurale, dans le contexte du Burkina, n'aura des résultats satisfaisants que si la population bénéficiaire de ce transfert a les aptitudes techniques ou les compétences requises pour les utiliser, de manière efficace et efficiente, et surtout, si elle en exprime le besoin et la demande. Nous avons jugé utile d'ajouter à cette condition celle de l'appropriation par laquelle la société qui emploie ces technologies à en devenir le nouveau propriétaire. Elle se les approprie et à défaut, à les adapter à ses réalités culturelles, dans ce cas elle approprie ces technologies.

Tel a été le cheminement intellectuel, voire méthodologique, que nous avons choisi pour concevoir une approche appropriative des technologies agricoles par la société madarè du Burkina. C'est dans cette optique que nous avons capitalisé les résultats de nos travaux de recherche que nous menons sur le développement de la société madarè, et ce, depuis les années 83. Nos travaux montrent que si cette société n'est pas encore arrivée à s'approprier le développement, elle a amorcé le processus de cette appropriation.

Il en ressort que cette appropriation se fait progressivement par le transfert des technologies modernes à cette société à travers la recherche-développement que font les chercheurs et les vulgarisateurs, et ce, depuis les années 60.

Pour sa part, la société madarè a accepté, chemin faisant, ces technologies modernes. Mieux, elle en a fait les outils de son développement. C'est le cas de la riziculture irriguée à Bama, de la culture attelée dans la majeure partie de ses 171 villages, des technologies agro-industrielles. Partant de ces constats de terrain, nous avons établi, au début de nos travaux et à titre provisoire, une interaction et une interdépendance entre les technologies modernes, la culture et le développement de la société madarè. C'est ce que nous avons appelé la trilogie technologies, culture, développement. Nous avons même présenté cette trilogie sous la forme d'une équation schématisée comme suit :

Culture Technologies Développement

Le premier terme de l'équation (la culture) présente la culture, comme étant la pierre angulaire sur laquelle s'édifie le développement de la société. Le deuxième terme (les technologies) indique qu'elles jouent un rôle déterminant dans le processus de développement de la société. Le troisième terme (développement) nous montre que le développement est la résultante d'un processus de réaction (si nous empruntons ces termes aux chimistes) dans lequel la culture constitue le catalyseur et les technologies, le levain du développement. Or, en termes chimiques, le catalyseur est l'élément qui favorise une réaction chimique et le levain, une substance qui, ajoutée, en très petite quantité à une autre substance, déclenche la réaction chimique de cette dernière. C'est, par exemple, le cas du levain qui fait lever la pâte du pain.

En nous résumant, disons que la culture représente les fondations sur lesquelles les acteurs sociaux (les artisans) édifient le développement en employant les technologies comme matériaux de cette édification. Voilà, l'essentiel des conclusions de nos travaux antérieurs qui ont servi de prélude à la conception et à l'élaboration de la présente thèse qui devra aboutir, à son tour, à l'élaboration d'une théorie appropriative des technologies modernes, notamment agricoles par la société madarè qui reste encore, au stade actuellement de son développement, largement rurale et agricole.

Cette théorie fera ressortir tous les liens organiques qui existent ou qui peuvent exister entre les éléments de la trilogie technologies, culture, développement. C'est d'ailleurs, dans cette perspective que nous avons conçu l'approche appropriative des technologies modernes et par voie de conséquence le développement par la société madarè.

Dans ces conditions, la problématique du développement de cette société se pose en termes d'intégration des technologies modernes à sa culture. Le développement est doit être perçu sous le double aspect technologique et culturel. Ainsi nous cherchons à imbriquer les valeurs idéologiques, morales, sociales, humaines et religieuses c'est-à-dire sa culture dans le processus de l'appropriation des technologies modernes et dans celui du développement de la société madarè.

Ce processus d'imbrication par une bonne appropriation des apports extérieurs crée nécessairement une nouvelle dynamique socio-culturelle, économique, politique qui transformera, à moyen et long termes, la société madarè en profondeur. Il aboutira à la naissance d'une nouvelle société madarè dont le développement sera la conséquence de l'intégration des technologies importées à la culture madarè. L'explication succincte que nous venons de faire du thème de la thèse indique que la problématique centrale de notre recherche porte, non seulement, sur l'accession de la société madarè aux technologies modernes, mais surtout sur l'intégration de celles-ci à la culture madarè dans le processus du développement de cette société. Or, cette accession suscite nécessairement des interrogations au niveau de cette société.

1.2. ÉPISTÉMOLOGIE DE L'APPROPRIATION

1.2.1. CONCEPTION ÉPISTÉMOLOGIQUE DE L'APPROPRIATION

Nous présentons l'appropriation sous ses dimensions épistémologiques par la définition des concepts clés qui la sous-tendent. Les trois concepts de l'appropriation constituent ce que nous appelons la trilogie, culture, technologies et développement. Cette trilogie est bâtie autour la conception qui fait du développement un processus de l'intégration harmonieuse des technologies à la culture de la société qui s'approprie les technologies. Dans ces conditions le développement est un fait, à la fois technologique et culturel, et des technologies, un fait culturel. Nous partons de l'histoire de l'humanité pour faire cette affirmation.

Elle nous apprend que l'homme a toujours eu le besoin, devenu naturel, de se promouvoir et de promouvoir sa société ; de se développer et de développer sa société. Ainsi, le développement fait partie intégrante de sa culture, de sa manière de voir les choses. Pour le réaliser, il emploie des matériaux précis : les technologies qu'il a commencé à mettre au point à partir de la découverte de la pierre taillée. Il va de soi qu'il a été amené à les intégrer à son patrimoine culturel. Ainsi, selon la qualité et le perfectionnement de ses aptitudes à fabriquer et à employer ces technologies, l'homme est passé de l'homo faber (homme fabriquant) à l'homo habilis (l'homme habile), puis à l'homme technocrate et industriel du 20è siècle.

Autant dire qu'à chaque nouvelle découverte de technologies, l'homme adopte des nouvelles attitudes et des nouveaux comportements. Il change donc de mode de vie et par conséquent de culture en s'appropriant ces nouvelles technologies. Or, tout changement au niveau du mode de vie de l'homme, suppose qu'il se situe dans un processus conflictuel, conflit né de la nécessité d'abandonner les anciennes habitudes et attitudes pour des nouvelles. Partant de l'ensemble des faits socio-historiques, nous avons cherché à établir des liens organiques entre la culture et les technologies. La nature de ces liens laisse entrevoir tout un processus de dialectisation entre la culture et les technologies.

Ce processus se situe, lui-même, dans un champ d'expression précis qui est, dans le cas présent, le développement de la société que nous assimilons à un processus d'intégration harmonieuse des technologies à la culture d'une société donnée, à une époque donnée, de son histoire. Le développement est donc un processus de transformations sociales, culturelles, économiques et politiques de la société. Ces transformations résultent, elles-mêmes, de l'évolution de technologies et dans le temps et dans l'espace. Elles s'inscrivent, essentiellement, dans la perspective de l'amélioration des conditions de vie et de travail des hommes et de leur société, de l'amélioration de la qualité de vie sociale, culturelle, économique et politique des hommes.

Il existe donc, une implication, mieux, une imbrication réelle entre les technologies et la culture, faisant d'elles non seulement, une réalité complémentaire, mais surtout une symbiose. C'est dans ce cadre que nous avons élaboré la présente thèse par laquelle nous affirmons et soutenons que : "tout développement qui se veut durable, efficace, efficient, harmonieux doit s'enraciner dans la culture de la société. Cet enracinement n'est possible que si les technologies (les matériaux d'édification du développement) sont, elles-mêmes, intégrées à cette culture". En terme plus concis, "développer, c'est intégrer et les technologies et le développement, lui-même, à la culture".

Le développement se présente comme la résultante de la symbiose des technologies et de la culture. C'est une œuvre que l'homme édifie sur sa culture (servant de fondement et fondations matériels) en employant les technologies comme les matériaux de cette édification. Autrement dit, l'homme construit le développement en le façonnant à son image, à sa culture. Or, façonner le développement à son image, c'est en faire véritablement sien, c'est se l'approprier. C'est dire que notre conception du développement fait de celui-ci, une œuvre individuelle et collective, séculaire. Elle est individuelle, parce que chaque membre d'une société contribue d'une manière ou d'une autre à son développement. Elle est collective parce que le développement est la somme des efforts et des sacrifices de l'ensemble des hommes d'une société.

Il va de soi que cette œuvre ne s'édifie pas, en un jour, en une année, elle est continue. Elle est même presque indéfinie dans le temps. Au total, nous disons que le développement est un phénomène technologique, culturel, faisant de l'homme "cet animal politique d'Aristote" ; "ce nœud de relations" de St Exupéry ; un "animal appropriateur" qui, de tout temps et sous tous les cieux, a cherché à s'approprier le développement et les technologies. Cet instinct, mieux, ce besoin d'appropriation est devenu naturel et fait partie de la tradition et des hommes et de leur société. Nous en voulons pour preuve l'attribution qu'ils font de leurs œuvres sociales, économiques, politiques, scientifiques.

C'est le cas de COMTE et de sa sociologie (1830-1842), de MALTHUS et de sa théorie économique sur la misère du peuple (1798), de MARX et du marxisme (1847), etc. Cette attitude participe à la volonté des hommes et à leur désir, de marquer de leur empreinte, de leur personnalité, toutes les actions qu'ils réalisent. Fort de tout ce qui précède, nous disons que le développement n'est rien d'autre qu'un phénomène appropriateur des technologies, et intégrateur de celles-ci à la culture de la société. Voilà, l'essentiel de l'énoncé de la thèse que nous essayons d'expliquer.

Expliquer, c'est rechercher à développer une idée, une pensée en dévoilant avec le maximum de détail ce qu'elle renferme. C'est donc faire sortir une idée du pli dans lequel elle se cache. Pour notre part, expliquer la thèse, c'est chercher à l'insérer dans un contexte général, car, elle n'est pas une œuvre isolée. Elle est un maillon de la chaîne en construction, édifiée à partir des matériaux existants, des références scientifiques.

Outre ce cadre global, nous décrirons le contexte spécifique de la thèse. C'est dans cette optique que nous envisageons de faire l'explication du thème de l'appropriation des technologies agricoles modernes ; c'est-à-dire, du thème de l'intégration de celles-ci au vécu quotidien, à la culture de la société étudiée. Intégrer les technologies à la culture d'une société, c'est les amener à faire corps avec elle de manière qu'il ne soit pas possible de les séparer sans compromettre l'existence de chacune d'elles. Aujourd'hui, le concept de l'intégration se présente comme une alternative voire une alternance au développement de la société rurale. Aussi, on parle de l'intégration sociale, économique, monétaire. Nous parlons de l'intégration technologique, donc culturelle. C'est dans ce contexte global que nous étudions l'appropriation sous un double aspect.

Premièrement, intégrer les technologies à la culture, deuxièmement intégrer le développement à la culture et vice-versa. Ce qui suppose que l'acteur du développement est capable de transcender les choses pour accepter de s'ouvrir à l'autrui et d'employer ses technologies si elles se révèlent performantes tout en cherchant à les intégrer à sa propre culture dans la perspective de réaliser le développement de sa société. Il doit être habile, intelligent en exploitant, judicieusement, son environnement, en vue de se réaliser pleinement, en le transformant et en se transformant lui-même, à travers sa culture, c'est se transformer soi-même et transformer et sa culture et ses technologies en les intégrant l'une à l'autre. Ainsi, nous pouvons dire que la philosophie qui sous-tend notre thèse est la suivante : faire des technologies et de la culture, les matériaux de développement de la société. Cette explication succincte du contenu global de la thèse serait incomplète sans celle des concepts qui la composent.

1.2.2. DÉFINITION DES CONCEPTS DE L'APPROPRIATION

Notre conception épistémologique de l'appropriation est donc bâtie sur des concepts de base que sont les technologies, l'appropriation, la société rurale, la culture et le développement don la définition peut faciliter la compréhension de notre conception épistémologique de l'appropriation.

1.2.2.1. TECHNOLOGIES

Le premier concept-clé de l'appropriation est la technologie. Ce terme, au sens étymologique, signifie l'étude de la technique. Il dérive de deux mots grecs "tekknê" qui désigne technique et "logos" étude, discours ou encore science. C'est d'ailleurs, la définition du Petit Larousse (1982), pour lequel la technologie est « l'étude des outils, machines, techniques utilisés dans l'industrie » c'est aussi « l'ensemble des savoirs et de pratiques fondés sur des principes scientifiques dans un domaine technique » De cette définition du Petit Larousse, nous retiendrons que la technologie est en réalité la science des techniques, c'est-à-dire une étude dont l'objet est la connaissance théorique et pratique des techniques qui interviennent dans le processus de la production industrielle ou de toute autre production, comme la production agricole. Mieux, la technologie est la théorie générale des techniques.

Si nous nous limitons à cette définition, notre thèse porterait alors sur l'appropriation de la théorie des techniques agricoles par la société rurale ce qui reviendrait à dire que l'appropriation aurait pour objet de fournir à la société madarè la démarche scientifique ou le cheminement intellectuel ou encore la voie pédagogique ou méthode d'apprentissage qui lui permettront d'accéder à la connaissance des techniques agricoles ou à la théorie de celle-ci. Dans ce cas, l'appropriation de la théorie des techniques agricoles signifierait la connaissance de la connaissance des techniques agricoles que la société madarè serait amenée à acquérir. Nous nous situerions donc dans un domaine abstrait si nous nous limitions à la définition littéraire. Autant dire qu'elle se révèle insuffisante puisqu'elle ne couvre pas tout le champ de la recherche.

C'est pourquoi il nous a apparu utile, sinon indispensable d'élargir cette définition en empruntant le jargon des agronomes pour qui la technologie est non seulement l'étude de la technique, mais la pratique de la technique. Ainsi, une technologie agricole est la technique ou l'ensemble des techniques qui interviennent dans le processus de la production agricole. C'est dans la même optique que se situe la définition d'AKUETO et EKLU (1988). Pour eux, la technologie est « l'ensemble du savoir, du savoir-faire accumulé et des instruments créés par une société, pour maîtriser son environnement et produire tous les biens et services dont elle a besoin pour la bonne marche de ses activités ».

En combinant ces deux définitions, nous pouvons, a priori, retenir que les technologies agricoles représentent le savoir, le savoir-faire, le savoir-faire faire, le savoir-être et le savoir-vivre d'une société donnée à une époque donnée de son histoire. Le savoir est la connaissance théorique et pratique que la société a de son environnement, de ses aspirations profondes, de ses réalités socio-culturelles qu'elle cherche à maîtriser, à satisfaire et à transformer par l'invention et l'utilisation des outillages appropriés.

Le savoir-faire est l'habileté ou l'aptitude ou encore la compétence naturelle ou acquise que la société développe en employant les outillages. Le savoir-faire représente la méthode d'apprentissage par laquelle la société transmet ses compétences, ses pratiques d'une génération à l'autre. Le savoir-être désigne le comportement de la société vis-à-vis des outillages qu'elle emploie pour réaliser la production agricole. C'est à ce niveau que nous situons le lien existant entre les technologies et la civilisation de la société. Enfin, le savoir-vivre est l'ensemble des règles ou des codes de conduite de la société, en somme sa civilisation, sa culture.

Pour l'heure, essayons d'analyser les différents éléments qui composent le concept de technologie que nous venons de définir plus haut. Il s'agit de la et/ou des méthode (s), des techniques, des procédés et des outillages. Bien sûr, nous nous situons dans le cadre de l'agriculture d'autant plus que notre thèse porte sur les technologies agricoles. La méthode en agriculture est la manière dont on travaille la terre. Dans ce cas, elle représente des réalités très variées à savoir l'attitude, le comportement, les techniques, les procédés, etc. Par attitude et comportement, la méthode signifie la marche, mieux la démarche rationnelle ou la disposition de l'esprit qu'ont les producteurs à exploiter la terre. Par techniques, la méthode représente un ensemble conçu sur la base d'une logique ou d'un ensemble de principes ou des règles précises.

C'est d'ailleurs, ce que MAUSS (2011), appelle un ensemble d'actes traditionnels généralement joints à un ensemble d'objets en vue d'un effet mécanique, physique ou chimique. Ainsi, une technique agricole signifie la manière de travailler rationnellement la terre ce qui exclut toutes actions désordonnées, fortuites (liées au hasard). La technique suppose donc un ensemble de procédés opératoires précis, sans lesquels elle ne saurait être mise en pratique. Illustrons ces définitions par l'exemple de la culture attelée qui est une méthode de mise en valeur de la terre par les producteurs qui la pratiquent. Elle se fait par un ensemble de techniques particulières dont la combinaison aboutit à un résultat scientifique. Ainsi, pour pratiquer la culture attelée les producteurs doivent savoir choisir les animaux de trait (technique de choix) et dresser les animaux, (technique de dressage).

Ainsi, la technologie de la culture attelée est l'un des ensembles complexes de l'univers des technologies agricoles dont nous essayons de faire la typologie. Compte tenu de la complexité et de la variabilité de cet univers technologique, nous avons mis un accent particulier sur quelques technologies agricoles que nous avons regroupées en technologies simples, intermédiaires et en technologies de pointe. Nous appelons technologies agricoles simples celles dont l'utilisation est facile, accessible à tout le monde. C'est le cas des traitements des semences, de l'application des engrais minéraux.

Cette simplicité n'entraîne pas, ipso facto, leur appropriation par la société qui les emploie. A l'opposé de celles-ci, il existe des technologies de pointe dont la pratique exige un certain niveau de technicité, mais surtout une combinaison de plusieurs technologies simples. C'est pourquoi nous les appelons technologies complexes. Entre ces deux types, il y a des technologies intermédiaires qui sont plus complexes que celles du premier type et moins complexes que celles de la seconde catégorie. Nous pouvons citer entre autres les traitements phytosanitaires, l'application des herbicides, les amendements du sol, etc. Cette typologie est purement indicative. Elle nous sert d'instrument d'appréciation du niveau technique des producteurs. Nous avons aussi déterminé une typologie des techniques agricoles en fonction de leur utilité ou de leur emploi. Il y a, en effet, des technologies de la production agricole, de la transformation des produits agricoles, les technologies du ménagement (techniques de gestion), des technologies de l'organisation de la production, de la commercialisation des produits agricoles, etc.

Les technologies de la production sont celles qui interviennent dans le processus de cette production qu'il s'agisse des engrais, des semences, des techniques de travail du sol, etc. Les technologies de la transformation comportent toutes les techniques qui vont du stockage des produits jusqu'à leur transformation agro-alimentaire. Dans notre recherche, nous nous intéressons aux moulins, aux banques de céréales et aux usines de transformation agro-alimentaire. Nous appelons technologies du Management, l'ensemble des techniques économiques de gestion qui permettent aux producteurs de conduire, de manière rentable, leurs activités agricoles.

Nous y analyserons aussi toutes les techniques de marketing, de commercialisation et autres. Enfin, les technologies de l'organisation concernent l'ensemble des techniques qui permettent aux producteurs d'organiser, de manière rationnelle, le travail agricole. Il s'agit là de la division du travail agricole au niveau des exploitations agricoles individuelles et collectives. C'est dire donc que nous nous intéresserons à l'organisation des producteurs en associations pré-coopératives et/ou coopératives.

Au-delà des typologies possibles des technologies agricoles, nous avons choisi une douzaine d'entre elles pour constituer l'échantillon des technologies qui font objet de notre recherche. Il s'agit des :

– technologies de production qui regroupent la culture attelée, la culture motorisée, la riziculture, la maraîcheculture, la culture cotonnière, l'élevage, etc. ;

– technologies de la gestion qui sont entre autres, le crédit agricole, les marchés autogérés ;

– technologies de l'organisation du travail agricole qui sont, les associations pré-coopératives, les coopératives, etc.

La culture attelée fait usage de la traction animale. Dans ce type de culture, l'énergie humaine est remplacée ou plutôt complétée par celle des animaux. En effet, dans la culture manuelle, le producteur combine l'énergie mécanique à celle de l'homme pour réaliser les travaux agricoles. Dans la culture attelée, il combine l'énergie animale à l'énergie mécanique pour effectuer les mêmes travaux. La pratique de la culture attelée met donc en présence trois types d'énergie mécanique (charrue, semoir, etc.) animale (bovins, équins, asins) et humaine (l'atteleur). La culture motorisée est une technologie de pointe qui emploie les machines dans les travaux agricoles.

Elles sont conduites par l'homme. La troisième technologie qui fait objet de notre recherche est l'horticulture communément appelée, culture maraîchère ou maraîcheculture. Nous lui adjoignons l'arboriculture. L'horticulture est, au sens étymologique, la culture de jardin qui, généralement, s'effectue dans des terres humides, dans des terres marécageuses (marais) d'où l'appellation culture des marais ou maraîchéculture. Ce type de culture est pratiqué par la société rurale madarè. Quant à l'arboriculture ou culture des arbres fruitiers (manguiers, agrumes, etc.), elle est une technique qui est pratiquée par l'implantation des vergers notamment la mangueraie (cas de la zone d'étude).

Ces deux types de culture ont été choisis dans cette étude parce qu'ils commencent à connaître un essor réel dans la société madarè. Il en est de même de la riziculture. Elle est essentiellement pratiquée dans le village de Bama qui fait partie de l'échantillon de la recherche. Dans ce village, il existe une plaine hydro-agricole aménagée pour la culture irriguée du riz. Disons que ce type de culture est une technologie de pointe qui ne semble pas faire partie des habitudes et des aptitudes culturales de la société madarè.

Enfin, la dernière technologie typiquement agricole que nous avons choisi d'étudier est celle de la culture de coton qui est très développée dans certains villages madarè tels que Bala, Kouka, etc. Nous chercherons à savoir comment cette culture a été introduite dans la société madarè et comment elle s'y est développée. A ces cinq technologies agricoles au sens strict du terme, nous avons ajouté l'élevage des animaux notamment les animaux de trait. Il s'agit, ici, de l'élevage des bovins qui sont utilisés dans la culture attelée dont nous avons parlé plus haut. L'étude des techniques d'élevage des bovins de trait nous apprendra si oui ou non, ce type d'élevage fait partie des habitudes de la société madarè.

Quant aux technologies ayant trait aux techniques de gestion, le crédit agricole et les marchés autogérés, nous les avons choisies parce qu'elles constituent les supports de la production agricole l'une en amont (crédit agricole) l'autre en aval (le marché autogéré). Le crédit agricole est une source du financement de l'agriculture burkinabé et par conséquent de l'agriculture madarè. Son existence se justifie par le manque des moyens financiers et d'épargne qui ne permet pas aux producteurs d'investir dans leurs exploitations agricoles individuelles ou collectives. Il est actuellement assez répandu dans la société madarè ; ce qui justifie son choix.

Dans la même optique, les marchés autogérés apparaissent intéressants pour notre étude. Ils représentent une technique organisationnelle de la commercialisation des produits agricoles, notamment, le coton. Il s'agit là d'une organisation que les associations paysannes, particulièrement, les groupements villageois créent en leur sein pour s'occuper de la collecte et de la vente du coton ou tout autre produit agricole. C'est pourquoi, on parle des marchés autogérés dont nous décrirons l'expérience plus tard. Quant aux technologies de l'organisation des producteurs en associations pré-coopératives et en coopératives, nous avons estimé que leur étude apparaît importante d'autant plus qu'elles sont des structures de type nouveau dans la société madarè.

En étudiant ces nouvelles structures, nous avons cherché à savoir si elles se sont intégrées aux structures déjà existantes dans les villages madarè. Dans la capitalisation des expériences de la société madarè en matière des technologies agricoles, nous ferons une étude exhaustive de ces organisations. De même, nous examinerons les banques de céréales et les moulins dont certaines associations pré-coopératives se sont dotées par le truchement du crédit agricole. Dans ce cas, nous étudierons les moulins de Koro et de Tondogosso. Ces villages sont situés à l'Est de Bobo-Dioulasso.

Chaque type de technologies qui fait partie de l'échantillon de notre étude revêt un aspect particulier. Ce qui nous fait dire qu'il contribue à ouvrir davantage le champ de la recherche. La technologie constitue donc un concept dont la définition n'est pas aisée. C'est pourquoi nous avons tenu à définir ce concept selon l'orientation générale de notre étude. Il en est de même de l'appropriation des technologies faisant l'objet d'un intérêt réel pour dans la société madarè.

1.2.2.2. APPROPRIATION

La définition du concept de l'appropriation peut se faire par deux verbes approprier et s'approprier. Ainsi, approprier quelque chose c'est l'adapter à un usage précis à une fonction précise. Dans ce cas, parler de l'appropriation des technologies agricoles par la société madarè est synonyme de l'adaptation de celles-ci à cette société. Or, le concept de l'adaptation ne sied pas à notre conception de l'appropriation ou du moins, ne représente qu'une des facettes de l'appropriation. En effet, adapter deux choses (l'une à l'autre) signifie les réunir de manière qu'elles s'ajustent pour constituer un ensemble. Ajuster, ici, veut dire assembler les deux choses en les faisant coïncider l'une à l'autre ou en les arrangeant de telle sorte qu'elles arrivent à coexister ou à être ensemble.

Or, la coexistence n'implique pas, nécessairement, l'intégration, l'harmonisation. Partant du concept du verbe approprier, l'appropriation des technologies agricoles par la société madarè peut être perçue comme étant l'adaptation ou l'ajustement de celles-ci à cette société. Autrement dit, l'appropriation des technologies agricoles par une société reviendrait, à dire que ces technologies lui conviennent. Voilà une première approche que nous pouvons faire de l'appropriation à partir de cette définition ; laquelle, d'ailleurs, ne nous donne pas entièrement satisfaction.

Car, nous voudrions faire de l'appropriation des technologies agricoles une intégration de celles-ci aux réalités socio-culturelles de la société madarè. On peut adapter ces technologies à cette société sans les intégrer à elle. L'adaptation n'est qu'une intégration apparente par un jeu de complémentarité entre les choses qui se sont adaptées, l'une à l'autre. Par contre, l'intégration est la symbiose dans laquelle, il n'est plus possible de séparer les choses l'une de l'autre. Partant de ces définitions, retenons que l'adaptation des technologies agricoles, à une société, n'est pas synonyme de l'appropriation ou du moins ne reflète pas l'appropriation sous toutes ses dimensions. Si, a priori, nous acceptons ce concept, admettons aussi qu'il ne couvre pas tout le champ de notre réflexion.

C'est pourquoi, nous essayons de mieux préciser le sens que nous donnons à l'appropriation dans cette étude en définissant le verbe s'approprier. S'approprier quelque chose, c'est en faire sien, c'est en devenir véritablement le propriétaire. Ainsi, la société madarè s'approprie les technologies agricoles si elle se les fait siennes ; ce qui suppose un jeu très complexe dont le point de départ consiste à reconnaître que ces technologies lui sont étrangères. Cela relève d'un truisme que de dire que l'on s'approprie une chose qui n'est pas sienne. Ainsi la société madarè, par l'appropriation des technologies, cherche à intégrer celles-ci à son propre patrimoine. C'est pourquoi, nous assimilons l'appropriation à un processus d'intégration de ces technologies à son patrimoine socio-culturel. Dans ce cas, ce processus devient une suite logique et cohérente de plusieurs stades d'intégration de ces technologies à l'imaginaire social des madarè. Dans ce processus, nous admettons, a priori, l'existence d'un certain nombre d'étapes. Nous pouvons citer, entre autres, le rejet, les interrogations, la communication, etc.

La première étape du processus d'intégration est le rejet, même si cela paraît aberrant. Ce rejet consiste en un refus qui se traduit par une opposition violente ou silencieuse. Ce fut l'attitude de la société madarè lorsqu'il s'est agi d'introduire la culture attelée dans les villages de Koro, Samendéni et de la culture du riz irrigué à Bama. C'est comme, si elle avait senti le danger qu'elle aurait encouru en acceptant ces technologies auxquelles elle n'a pu s'identifier. Après cette phase, elle a commencé à s'interroger sur son attitude de refus procédant à une sorte d'examen de conscience. Ces interrogations l'ont amenée soit à fléchir soit à radicaliser sa position. Dans le premier cas, elle s'est acheminée vers les technologies, dans le second cas, elle a affûté les armes de combat physique (de guerre) avec ces technologies. Il va de soi que la première alternative a abouti à une introduction des technologies grâce au consentement de la société alors que, dans la deuxième alternative, elle s'est faite, sous forme d'agression dont les blessures l'ont marquée pendant longtemps.

La troisième phase est celle de la communication ou l'établissement des rapports, soit par syncrétisme technologique, soit par imposition publicitaire. Au niveau du syncrétisme technologique, la société cherchera, à travers son propre patrimoine ou modèle technologique, tout ce qui pourrait ressembler aux technologies ce qui faciliterait l'acceptation des technologies ; voulant donc des éléments qui lui permettent de justifier l'acceptation de ces technologies. C'est dire qu'elle voulait ouvrir la porte d'entrée par laquelle pourraient passer les technologies, sans vexer son amour propre, sans paraître ridicule voire vaincue.

En absence de tout élément de syncrétisme technologique, elle s'est sentie alors agressée voire, humiliée en entrant dans l'ère des technologies industrielles parce qu'incapable de s'opposer à elles. Dans l'un et l'autre cas, elle a cherché toutes informations utiles pouvant l'aider à faire un choix des technologies en fonction de sa personnalité, de sa vision du monde. Cette phase est celle qui l'a préparée psychologiquement à recevoir les technologies. La quatrième phase s'est caractérisée par l'amorce de l'introduction des technologies dans la société qui prend la décision d'autoriser ces technologies.

Elle a été suivie de celle de l'acquisition des technologies. Cette société a cherché à être en contact physique de celles-ci, par leur achat à crédit ou au comptant. Cependant, cette acquisition ne signifie pas que la société en est devenue propriétaire, elle en fut le dépositaire en acceptant les technologies déposées chez elle. Elle n'en deviendra propriétaire que lorsqu'elle aura une maîtrise réelle (devenir maître) des technologies par sa capacité technique de les employer rationnellement. Mieux, elle en deviendra véritablement propriétaire que lorsqu'elle les intégrera dans son propre modèle technologique.

Voilà le concept que nous donnons à l'appropriation des technologies par la société rurale. C'est dire que cette appropriation est la succession de deux phases. La première, est de nature conflictuelle et la seconde de nature intégratrice. Autrement dit, le concept de l'appropriation est celui de la synthèse de deux modèles technologiques, de deux modèles de société aux valeurs fondamentalement différentes (les cultures). Ainsi, nous partons du fait que l'histoire de l'humanité a été, tout au long de son évolution, un effort d'intégration entre les peuples, entre leurs civilisations et leurs cultures.

L'humanité n'est, donc, que l'expression d'une synthèse des modèles culturels et technologiques. Cette synthèse résulte d'une longue œuvre humaine, sociale, culturelle qui s'est édifiée tantôt dans l'harmonie, tantôt dans la disharmonie totale. C'est dire que l'explication sociologique de l'appropriation des technologies s'inscrit dans le cadre théorique d'une sociologie de synthèse qui passe nécessairement par celle du conflit. C'est, ici, que nous nous inscrivons dans la perspective de la sociologie de Georges GURVITCH dont nous analyserons, plus tard, les caractéristiques. De même, il convient de noter que nous ne saurons faire une sociologie de synthèse sans celle de la totalité, de la globalité ; autrement dit, sans la notion du phénomène social total. Il s'est agi pour nous de montrer que l'appropriation est une force coercitive qui s'impose à la société non seulement à travers tous ses paliers en profondeur, mais à travers son unité, sa totalité.

Voilà le contenu essentiel que nous donnons au concept de l'appropriation des technologies qui n'est rien d'autre que le processus de leur intégration à la culture de la société rurale.

1.2.2.3. SOCIÉTÉ RURALE

La définition de la société rurale ne peut se faire, aisément, sans les concepts de la société et du ruralisme. Sans nous attarder sur le concept de la société, nous nous intéressons à celui de ruralisme. Le mot rural désigne, au sens étymologique, la campagne. Il dérive du latin "rus, ruris" qui signifie la campagne par rapport à la cité romaine ou la ville. De cette définition, nous pouvons déterminer la composante de la société rurale qui est susceptible d'être la principale utilisatrice des technologies agricoles. Il s'agit ici des exploitations agricoles. C'est pourquoi, nous nous attachons à définir leurs concepts. Cependant, il convient d'ores et déjà de lever l'équivoque qui réduirait la société rurale aux exploitations agricoles. Elles ne constituent qu'une de ses composantes. Pour définir l'exploitation agricole, citons quelques auteurs en références tels MENDRAS, l'*IER*, *Barthez A.*, *BAUDOUIN R.*, *TALLET B.*

La société rurale ou communément appelée milieu rural est l'objet essentiel de la sociologie rurale, dont MENDRAS (1958), serait le père fondateur. Pour lui (1958), le milieu rural est un champ d'investigations pour toutes les sciences sociales et son étude ne saurait constituer une discipline autonome. En effet, l'étude du monde rural nécessite l'intervention de plusieurs spécialistes des sciences sociales. C'est que :

– les géographes par leurs travaux permettent de connaître les aspects physiques (situation géographique, relief, nature des terres, etc.) ;

– les écologistes permettent d'analyser la nature des rapports entre les ruraux et leur environnement ;

– les démographes étudient le peuplement du milieu rural et son évolution spatio-temporelle ;

– les historiens analysent le passé, le présent du monde rural et proposent des projections pour son futur ;

– les économistes permettent de connaître les systèmes de production, les revenus, la rentabilité des activités menées dans le monde rural ;

– les ethnologues étudient des structures traditionnelles.

Ainsi, chaque science sociale peut intervenir dans les travaux et les études du monde rural. Il y a là une interdisciplinarité voire une transversalité entre les sciences sociales lorsqu'il s'agit des études et des travaux sur le monde rural. C'est dire donc que la sociologie rurale doit connaître les méthodes et les outils des autres sciences qu'elle sera amenée à employer pour réaliser ses travaux et études sur le monde rural. Dans ces conditions, les spécialistes de la sociologie rurale doivent chercher à travailler en équipe pluridisciplinaire ou interdisciplinaire.

De même, elle doit arriver à définir une démarche qui lui soit spécifique, « la démarche ruraliste » qui lui permettra d'intégrer toutes les dimensions du monde rural (géographie, culture, économie, psychologie, histoire, etc.). Cette démarche sera nécessairement de type holistique.

En somme, la sociologie rurale s'intéresse à tous les aspects du monde rural et de son évolution diachronique et spatiale. Ces aspects sont entre autres culturels, économiques, politiques, philosophiques, etc.

De ce qui précède, il se dégage que l'objet de la sociologie rurale voire le champ sémantique de cette science est pluridimensionnel, voire polysémique. C'est ainsi que nous pouvons être de l'avis de Michel Robert (Année) qui parle de l'existence de deux courants bien tranchés à savoir que la sociologie rurale peut se définir tant par le champ de son action que par une coloration théorique originale. En réalité, l'objet de la sociologie rurale est défini en rapport avec son groupe cible qui le rural ou ce qui se trouve dans la campagne et le milieu rural.

Son objet est donc bien distinct de celui de la sociologie urbaine dont l'objet est la ville, l'urbain. De ce point de vue la sociologie rurale n'est pas une sorte d'anthèse de la sociologie urbaine. D'ailleurs, les deux disciplines ne se sont pas constituées l'une par rapport à l'autre. Chaque d'elles a son domaine d'application voire son espace et son groupe cible. C'est pour cela, GURVITCH, 1977), soutient que si on ne limite pas la sociologie rurale à une sociologie agricole spécialisée, elle peut donc se définir par son champ d'étude, les sociétés rurales.

Dans cette perspective la sociologie a un double objet qui est d'étudier les aspects de la société qui relèvent de sa ou de ses spécialités et d'interpréter les matériaux que lui fournissent les chercheurs des autres disciplines.

Au-delà de cette approche objective de l'objet de la sociologie rurale, il convient d'ajouter selon MENDRAS (1958), l'objet physique. Ainsi, l'existence de la sociologie rurale peut se justifier selon cet auteur à travers un postulat selon lequel il existe dans les pays de paysannerie traditionnelle une société rurale qui conserve une certaine autonomie vis-à-vis de la société globale.

Alors, l'objectif de la sociologie rurale est de promouvoir le changement social qui fera passer les sociétés rurales de leur statut d'autonomie à celui des sociétés paysannes voire à leur intégration totale à la société globale. Dans ces conditions, le défi que les paysans sont appelés à relever est de passer du stade de paysannerie à celui de professionnel de l'agriculture.

Pour l'institut de l'économie rurale (*IER*, 1980), l'exploitation agricole est "une unité de production agricole c'est-à-dire des gens ayant des liens de parenté ou non, qui cultivent ensemble dans les mêmes champs communs sous la direction du chef de l'exploitation qui assure la gestion technique et économique". Cette définition fait ressortir quelques caractéristiques de l'exploitation agricole qui sont, entre autres, le caractère social et/ou associatif "ayant des liens de parenté ou non", "travaillant dans des champs communs" sous la responsabilité d'un chef de l'exploitation et "gestion technique et économique". Quant à BARTHEZ (1982), il définit l'exploitation agricole comme étant une entreprise agricole. A ce propos, il soutient que le terme, entreprise agricole "est justifié par la capacité et les besoins élevés en investissements". Cette définition fait de l'exploitation une entreprise au sens économique du mot qui doit réaliser des investissements donc qui doit employer les technologies agricoles.

Pour TALLET ; (1985), l'exploitation agricole est "comme une unité de production et une cellule familiale, les relations internes, même au niveau du travail, se vivent en tant qu'événements familiaux ; les travailleurs sont des époux, des parents, des enfants, des cousins... » Cette définition présente l'exploitation agricole comme une structure familiale plutôt qu'une entreprise agricole. C'est dans le même sens que se situe la définition de BONNAMOUR (1977), lorsqu'il dit que l'exploitation agricole "c'est encore une cellule de vie de l'exploitant et toutes les personnes qui vivent sous son toit, qu'elles travaillent ou non sur l'exploitation. BAUDOUIN (1967) soutient que l'exploitation agricole dans les pays sous-développés est assez difficile à définir ". encastrée qu'elle est dans les structures foncières et familiales, elles-mêmes étroitement liées entre elles".

De toutes ces définitions que nous venons de citer en référence, il ressort que l'exploitation agricole est à la fois une unité technique et socio-économique et une structure familiale qui réalise des investissements agricoles susceptibles de satisfaire ses besoins élémentaires. Ceci implique qu'elle emploie peu ou pas les technologies agricoles de pointe. En clair, elles attestent qu'il peut y avoir une problématique de l'emploi de ces technologies au niveau des exploitations agricoles.

Pour compléter ces éléments d'appréciation, essayons de voir si le travail agricole se fait, de manière scientifique, dans ces exploitations. Pour cela, partons de la définition du Bureau international du travail qui est la suivante "l'organisation scientifique du travail peut être définie comme l'ensemble des activités coordonnées qui ont pour objectif d'établir la répartition des tâches et des meilleures conditions de travail". Ainsi, nous retiendrons les aspects suivants : "activités coordonnées" "répartition des tâches", "les meilleures conditions de travail". Autant dire que nous analyserons l'organisation du travail dans les exploitations agricoles sur ces trois critères en montrant comment elles peuvent employer, de manière rationnelle, les technologies agricoles.

La compilation de ces études nous amène à dire que notre étude aura pour objectif : la description des structures et des mécanismes de fonctionnement des exploitations agricoles. Cette description nous fournira les éléments d'identification des facteurs favorables à l'appropriation des technologies agricoles par les exploitations agricoles, par la société, elle-même, qui va chercher à les intégrer à sa culture.

1.2.2.4. CULTURE

La culture est le concept central autour duquel gravitent les autres (technologies, appropriation, etc.). D'emblée, signalons qu'il n'est pas aisé de définir le concept de la culture, surtout, lorsqu'il s'agit de la culture d'une société que l'on a qualifiée d'inculte (sans culture) ou étant une sous-culture, ou encore la culture d'indigène. En effet, la culture des sociétés du Tiers-monde, particulièrement, des sociétés africaines, était celle des sauvages, des barbares, des primitifs. Signalons que la révolution des mentalités reconnaît, aujourd'hui, que la culture de ces sociétés existe et mérite d'être prise en compte dans les politiques de développement. Ceci indique que la définition du concept de la culture a été, de tout temps, controversée et n'a jamais fait l'unanimité. Cette controverse est encore actuelle, même aujourd'hui, ce qui présume que nous aurons des difficultés à le définir et du moins que nos essais de définition peuvent être source de polémique.

Avant de donner notre entendement de ce concept, examinons les définitions de quelques auteurs. LE ROBERT (1974) commence par la définition étymologique. Pour lui, la culture est «l'action de cultiver la terre». Il retient aussi que la culture est «le développement de certaines facultés de l'esprit par des exercices intellectuels appropriés». Dans ce cas, on parle de la culture de l'esprit, comme on parle de la culture de la terre. Cette culture intellectuelle se fait par l'éducation, la formation permanente ou continue.

LE ROBERT présente la culture comme étant «l'ensemble des connaissances acquises qui permettent à l'esprit de développer son sens critique, son goût, son jugement». Il termine sa série de définitions en disant que «la culture est parfois synonyme de civilisation». Il cite les exemples de la culture gréco-latine, de la culture occidentale, orientale, de la culture française. Nous pouvons le paraphraser en donnant l'exemple de la culture madarè. Comme si toutes ces définitions ne sont pas suffisamment explicites, le Robert les appuie par des illustrations en citant quelques auteurs qui ont eu à parler de la culture.

Parmi eux, nous avons pris l'exemple de ROPS cité par LE ROBERT (1974) qui a établi des liens entre la culture et la civilisation d'une société. Il dit notamment «les deux termes de culture et de civilisation recouvrent des notions non mêlées, mais connexes et qui procèdent étroitement les unes des autres suivant les pays, les individus. Pour certains, le mot culture est entendu avec des résonances plus strictement intellectuelles (homme cultivé) ; pour d'autres, il désigne une méthode, une manière d'agir, de penser (culture française) pour d'autres, enfin, la culture est tout ce qui élargit la pensée et la conscience individuelle et collective».

Pour MARGERET (1969), la culture est l'ensemble des formes acquises de comportement qu'un groupe d'individus, unis par une tradition commune transmettent à leurs enfants et en partie aux immigrants qui viennent s'incorporer au groupe. Ce mot désigne, donc, non seulement, les traditions artistiques, scientifiques, religieuses, philosophiques d'une société, mais encore ses techniques propres, ses coutumes politiques et mille usages qui caractérisent la vie quotidienne, mode de préparation et de consommation des aliments, manière d'endormir les petits enfants ». De cette définition, nous pouvons retenir que la culture est une forme de comportement des hommes et de leur société qu'ils acquièrent par la tradition, c'est à dire par la transmission d'une génération à l'autre.

Quant à MALINOWSKI (1968), il présente la culture comme étant « cette totalité où entrent les ustensiles et les biens de consommation, les chartes organiques régissant les divers groupements sociaux, les idées et les arts, les croyances et les coutumes. Que l'on envisage une culture très simple ou très primitive ou bien au contraire une culture complexe très évoluée. Il s'agit d'un vaste appareil pour une part matériel, pour une part humain et pour une autre part, spirituel, qui permet à l'homme d'affronter les problèmes concrets et précis qui se posent à lui. Les problèmes sont dus au fait que le corps humain est esclave de divers besoins organiques et qu'il vit dans un milieu qui est son meilleur allié, puisqu'il fournit les matières premières de son travail manuel et son pire ennemi, puisqu'il fournit des forces hostiles ».

De cette définition, nous avons retenu la culture comme une totalité c'est-à-dire un phénomène global qui n'épargne aucun aspect de la société. Pour STRAUSS(1949), la culture représente « les langages, outils, institutions sociales et les systèmes de valeur esthétiques, morales et religieuses ». Sa définition présente l'avantage d'être concise et précise. Nous la retenons sous l'angle des « systèmes de valeurs esthétiques, morales et religieuses ». C'est dans la même optique (concision et précision) que Georges BALENDIER (1963) définit la culture comme étant « le capital matériel et spirituel » d'une société.

En Afrique, la culture fut et reste encore au centre des actions politiques et sociales. De la négritude au retour à l'authenticité, elle a fait l'objet des débats dont l'objet est de faire d'elle la base de la promotion des sociétés d'Afrique. Elle a surtout servi de moyen de lutte de libération politique. C'est dans cette optique qu'est née la négritude. Elle a été employée, pour la première fois, par CÉSAIRE (1972), lors d'une discussion qu'il avait avec SENGHOR (1964), tous deux étudiants à la Sorbonne. Il disait à Senghor « il faut que nous affirmons notre Négritude ».

Ce fut la naissance de toute une thèse que les étudiants DUMAS, CESAIRE, SENGHOR et leurs successeurs, ont édifiée en vue d'affirmer la culture du nègre. La négritude ne fut, rien d'autre, qu'un cri du réveil de la conscience des nègres, par lequel, ils ont cherché à affirmer leur négritude c'est-à-dire leur appartenance à une culture nègre en vue de montrer à l'humanité tout entière, que le nègre a sa propre humanité, fondamentalement différente de l'humanité du blanc, qui à l'époque, était considérée comme le seul modèle culturel du monde.

La négritude fut, donc, le porte-parole du monde noir à travers des débats et des vicissitudes de la période coloniale. Elle fut une thèse culturaliste qui s'est manifestée comme une revendication de l'identité culturelle du nègre, même si cette revendication n'avait aucun cadre politique ; c'est pourquoi, CESAIRE présentait la négritude comme étant « le battement qui se mit debout pour exiger son entrée triomphale dans ce cri de révolte et de protestation qui assure au nègre sa dignité d'avant Adam ».

La négritude, à sa naissance, n'ayant aucun cadre politique pour s'exprimer, a pris alors l'habit poétique traduisant, ainsi, la prise de position politique de la lutte des nègres pour l'émancipation de leur culture. Par la suite, la négritude s'est défaite de son habit poétique pour devenir un mouvement scientifique qui a touché l'intelligentsia occidentale qui, hier, considérait le nègre comme un sous homme. C'est ainsi que la Sorbonne (berceau de la négritude) a créé des cahiers de la sociologie africaine, des diplômes honorifiques (doctorat honoris causa). La négritude est devenue, en termes senghoriens, « la dialectique du donner ou du recevoir ».

Elle a donc contribué à faire connaître la culture du nègre, disons la culture africaine à travers le monde. Si elle a eu des acquis indéniables, elle a connu aussi des insuffisances graves qui l'ont détournée de sa première vocation pour en faire un mythe, un dogme. C'est pourquoi ses adversaires l'ont perçue, comme « une mascarade, une chevauchée de néologisme creux » ce qui fait présenter, aujourd'hui, la négritude, comme une théorie désuète de la culture africaine. Elle fut après les indépendances, la négritude des discours politiques creux qui ont donné naissance aux thèses de retour et/ou de recours à l'authenticité, à la culture africaine prônée par certains leaders politiques d'Afrique au lendemain des indépendances politiques des pays africains.

Parmi les leaders politiques, nous pouvons citer les exemples de MOBUTU du Zaïre (1972) de KEREKOU du Bénin (1975), de GNASSIMBE du Togo (1974) et de SANKARA du Burkina. (1983). Dans tous ces cas (à l'exception du Togo) l'authenticité africaine a consisté en une débaptisation des noms des pays. Ainsi, le Congo Belge est devenu le Zaïre, le Dahomey le Bénin, la Haute-Volta le Burkina. Dans le cas du Zaïre, du Togo la débaptisation a même concerné les prénoms. En effet, Joseph Désiré est devenu Sésé Séko (Zaïre), Etienne : Eyadema (Togo). Au Burkina, la débaptisation a été d'ordre juridico-politique.

Ainsi, l'ordonnance a été remplacée par la "Zatu", le décret par le "Kiti", l'arrêté le "Raabo". Dans ce pays (le Burkina), même les cours d'eau ont été débaptisés et rebaptisés ; la volta noire en "Mouhoun", la volta blanche en "Nankambé", la volta rouge en "Nazinon". Le Burkina est allé plus loin en initiant la création de l'Institut des Peuples Noirs dont l'objectif fondamental est de regrouper les noirs d'Afrique et de la diaspora, afin de les amener à constituer un bloc dans la perspective d'une revalorisation de la culture du Noir à travers le monde.

Ces expériences, au-delà de leurs limites, traduisent la volonté politique des Africains de s'affranchir du complexe d'infériorité culturelle. L'une des principales insuffisances de la thèse culturaliste de l'authenticité africaine, a été la mascarade. En effet, l'histoire de l'authenticité a montré qu'elle a été plus un instrument d'assujettissement et de discours politiques creux, voire une caricature de la culture africaine, un mythe et un culte de personnalité, toutes choses contraires à l'éthique africaine. Au Burkina, la débaptisation des termes juridiques "Zatu", "Kiti", "Raabo" a fait revenir ce pays à la case départ à savoir l'ordonnance, le décret, l'arrêté.

Quant au processus de création de l'Institut des Peuples Noirs, il continue son cours malgré les adversités multiformes. Notons que les théories de l'authenticité africaine n'ont pas été élaborées, ce qui ne leur a pas permis de se transformer en des véritables thèses culturalistes de type scientifique. Néanmoins, elles ont frayé un cheminement intellectuel qui peut constituer un vaste champ de recherche que les sociologues, les historiens, les anthropologues africains et africanistes d'aujourd'hui, pourraient explorer. De même, ces théories au-delà de leurs insuffisances, illustrent bien la volonté des peuples africains, à envoyer aux calendes grecques, les thèses eurocentristes qui, loin s'en faut, n'ont fait honneur ni à la culture africaine, ni à la culture européenne. Pourvu qu'elles ne se transforment pas en afrocentrisme en claquemurant la culture africaine et en la couvrant d'un esprit revanchard sur l'eurocentrisme.

Au plan littéraire, la culture a été au centre des préoccupations des écrivains africains tels que CARAMA Laye, Nazi BONI, PACERE F. T. Cheik Amidou KANE, HAMPATE BA, pour ne citer que quelques exemples. CAMARA (1953) décrit la culture africaine notamment son mode de transmission d'une génération à l'autre par l'éducation que reçoivent les enfants à travers la famille. Il a exalté aussi les vertus d'une mère qui prend soin de son enfant, d'un père qui aime son travail.

BONI, 1962), par son œuvre, annonce au peuple Bwa (les Bwaba) les risques de déculturation et d'acculturation qu'il encourt à l'aube de la période coloniale qui, en toute réalité, mit fin à une ère culturelle authentiquement Bwa. C'est pourquoi il l'a intitulée « le crépuscule des temps anciens ». C'est dans la même optique, que PACERE (1976) plaide pour la relecture de l'histoire de la culture des Mossé. Il soutient qu'on a « assassiné les Msosé » par une désinformation qui a été faite consciemment ou inconsciemment sur leur culture.

C'est le même souci de sauvegarder la culture africaine que KANE (1961), a écrit "l'aventure ambiguë" dans laquelle il a dépeint le conflit né de la rencontre des cultures africaine et occidentale. HAMPATE BA (1961), qui s'est fait avocat défenseur de la tradition des sociétés africaines, soutient que la tradition doit servir de source d'inspirations et de réflexions à tous ceux qui sont chargés d'élaborer les politiques de développement de ces sociétés.

De ces débats à l'africaine, il se dégage un souci majeur de tous ceux qui interviennent dans les actions de développement des sociétés africaines. Ils cherchent, tous, sous des formes diverses, à faire de la culture africaine le fondement du développement de l'Afrique. En clair, ils veulent édifier le développement sur les valeurs sociales, politiques, culturelles, économiques des sociétés africaines.

Nous pouvons citer l'exemple de HOUPHOUET (1956), qui, dans son projet de la société ivoirienne, allie la paix et le dialogue au développement. Il en a fait le credo du développement à l'ivoirienne. De même, NYERERE (1967) s'est inspiré de la vie communautaire africaine, pour concevoir la politique de villagisation de la société tanzanienne. C'est dire qu'au-delà des débats théoriques, il existe une volonté manifeste des acteurs du développement de l'Afrique, d'enraciner celui-ci dans la culture des sociétés africaines. C'est le phénomène d'enculturation qui consiste à faire entrer le développement dans la culture africaine.

Cet aperçu des définitions de la culture, illustre qu'elle a été et reste encore l'une des préoccupations majeures des sociologues, des littéraires, des hommes politiques. Elle est, donc, un vieux débat qui, cependant, n'a cessé de briser ses propres cadres tant sa dynamique est forte. Ce débat, aujourd'hui, se pose en termes d'échanges culturels, préparant ainsi l'avènement d'un creuset culturel dans lequel chaque société apportera une partie de sa culture. C'est dans cette perspective que CHOMBARD et KOKOU (1980) parlent de partage de connaissances et de cultures novatrices.

Dans cette œuvre, ils décrivent les cadres théoriques de la naissance d'un nouveau type de culture "cultures novatrices”. Ils les définissent comme étant « la dynamique culturelle qui utilise les connaissances acquises pour les réorganiser sur un mode nouveau et pour créer des connaissances dans tous les domaines de la vie sociale, dans la production, dans les pratiques, dans les rapports sociaux, dans les représentations et les valeurs ». Ils établissent un lien organique entre ces cultures novatrices et l’auto-éducation ou auto formation

Nous faisons nôtre cette définition, parce que notre thèse s’inscrit dans la même perspective par laquelle ces auteurs affirment que « les interventions extérieures apportent des connaissances, des instruments, des spécialistes, mais tant que ces éléments étrangers ne sont pas réappropriés, recomposés, réadaptés aux besoins et aux aspirations, les groupes récepteurs seront dépendants et dominés ». En combinant toutes ces définitions de la culture, nous retiendrons, pour le moment, que la culture est un système de valeurs esthétiques, morales, religieuses propres à une société donnée, à une époque donnée de son histoire.

Ces valeurs sont ancrées dans les consciences individuelles et collectives de tous les membres de cette société. Elles sont transmises d’une génération à l’autre comme étant le capital matériel, spirituel accumulé au cours des âges par la société, elle-même. Ce qui nous amène à présenter la culture comme étant la conscience collective qui s’impose à tous les membres de la société. Elle est, à la fois, une œuvre collective et séculaire donc un phénomène social total. Nous entendons, par système de valeurs, un ensemble de principes, de normes, de croyances, de connaissances scientifiques, techniques, formant le ciment de la société et de ses institutions sociales, économiques, politiques, culturelles. Voilà la définition que nous donnons au concept de la culture. Nous la rendrons beaucoup plus explicite lorsque nous étudierons, plus tard, la culture de la société madarè. Pour l’heure, essayons de définir le concept du développement.

1.2.2.5. DÉVELOPPEMENT

Il n'est pas aisé de définir le concept du développement. Disons, tout de même, que le développement est un processus de transformations d'une société sur les plans social, culturel, politique, économique et technologique. Ces transformations ont pour objet d'aboutir à la réalisation d'un "plus avoir" et d'un" mieux-être" de la société. Le "plus avoir" est un terme économique qui signifie l'augmentation des richesses ou l'ensemble des biens et des services que produit la société pour satisfaire les besoins sociaux et économiques. Le "mieux-être", au sens sociologique, est l'amélioration de la qualité de la vie des hommes, de la société. Il s'apparente au terme très employé en philosophie, à savoir le bonheur.

Le concept de "mieux-être" de la société est très difficile à appréhender dans toute sa profondeur. Le bonheur ayant des contours imprécis (relevant à la fois du psychique, du social, du culturel, du politique, de la profondeur de la vie humaine). Cette approche théorique du développement révèle qu'il représente les aspirations réelles de la société, non seulement à produire davantage des richesses matérielles (plus avoir), mais à améliorer la qualité de vie (mieux être).

Il en résulte que le développement n'est pas une simple croissance économique, mais un ensemble d'actions qui concourent à l'amélioration de la qualité de la vie. Or, le concept de la qualité de la vie des hommes et de la société est difficile à définir parce qu'il représente des domaines difficilement quantifiables tels que le social, le culturel, le psychique. De tout ce qui précède, nous donnons une définition provisoire au concept du développement. Le développement de la société est un processus de transformations socio-culturelles, politiques, économiques, techniques et technologiques dont la finalité est d'aboutir à un "plus avoir" et à un "mieux être" tant au niveau de l'individu qu'à celui de sa communauté toute entière. Le développement de la société doit donc être non seulement perçu sous le double aspect individuel et communautaire, mais surtout, il doit être placé sous le double angle technico-économique et social.

C'est ce que nous essayons de défendre dans cette thèse à partir de l'étude de la société rurale madarè. Autant dire que notre thèse porte sur le développement local ou endogène dont le principe de base est que la société rurale ne peut se réaliser pleinement que si elle accepte le progrès technologique comme base de son évolution vers le modernisme et que si elle est convaincue que cette évolution doit se faire à partir de sa culture, si elle veut éviter un développement exogène. Car comme le montre CLOUET (1987) en parlant de l'évolution de l'agriculture traditionnelle du Yémen du Nord, « la situation a évolué par basculement : abandon du passé qu'on n'a pas pu ou pas voulu faire évoluer au profit d'un modernisme qu'on ne sait pas maîtriser ».

Nous pouvons dire à partir du constat de CLOUET que la société rurale encourt le risque d'une déperdition de ses valeurs humaines et sociales (son passé) si elle s'approprie les technologies industrielles et si elle prend la société industrielle pour modèle de son développement. Elle doit chercher à dresser son propre itinéraire de développement en tenant compte des exigences du progrès technologique et de la nécessité de sauvegarder son propre patrimoine culturel et technologique si elle veut minimiser les incertitudes et les limites des innovations technologiques, en somme, si elle veut réaliser un développement local dont le concept est défini par DATAR(1987).

Pour lui, « le développement local se caractérise comme la mise en œuvre, le plus souvent, mais pas exclusivement dans le cadre de la coopération internationale, d'un projet global associant les aspects économiques, sociaux, culturels du développement, généralement initié par les élus locaux.

Mieux, un processus de développement s'élabore à partir d'une concertation large de l'ensemble des citoyens et des partenaires concernés et trouve sa traduction dans une maîtrise d'ouvrage commune. En termes plus simples, nous disons que le développement local est propre à un terroir donné. Il tire sa substance fondamentale, de sa propre culture. Le développement local est donc un développement original.

Le concept du développement fait l'objet de l'étude de la sociologie dite sociologie du développement sur laquelle nous reviendrons plus tard dans les enjeux de la thèse. C'est d'ailleurs dans ce cadre théorique que nous situons la problématique de l'appropriation des technologies agricoles modernes par la société & madarè.

1.1.3. ÉQUATION DE L'APPROPRIATION

La conception épistémologique de l'appropriation des technologies laisse voir en filigrane l'essentiel de la problématique de la recherche que nous voudrions analyser en l'initiant. Il convient, toutefois, de l'énoncer, de manière précise, en identifiant, à la fois, et la nature des problèmes étudiés et les hypothèses de la recherche qui la sous-tendent.

L'énoncé et l'explication de l'objet de la thèse nous permettent d'identifier, avec précision, la problématique de la recherche. Partant d'un certain nombre d'observations, nous avons eu affaire au cours des travaux antérieurs. Ces observations ont porté essentiellement sur les comportements et les attitudes des producteurs ruraux madarè, disons des producteurs ruraux burkinabé dans leur ensemble. Nous avons observé fait qui nous est apparu curieux voire extraordinaire. Ce fait se manifeste par une espèce de hiatus entre les comportements et les attitudes des producteurs.

Par définition, le comportement est la manifestation concrète (l'ensemble des actes concrets) de l'attitude d'une personne. L'attitude est alors la disposition mentale ou d'esprit que cette personne a à poser ces actes. Partant de ces définitions élémentaires, nous pouvons dire que le comportement est une conséquence logique de l'attitude. Autant dire qu'il ne devrait pas avoir de distorsion ou de dichotomie entre les deux. Or, les observations faites sur les producteurs tendent à montrer qu'il existe une contradiction, une distorsion entre leurs comportements et leurs attitudes.

En effet, leurs comportements sont, non seulement, ambigus, mais surtout, ambivalents (balançant entre deux types de valeurs différentes). Par leurs comportements, les producteurs montrent qu'ils sont prêts à s'engager dans le processus de la modernisation de l'agriculture alors que leur disposition mentale apparemment, les en empêche, les poussant à la retenue, à la réticence, même au refus. Ils sentent donc un malaise profond en s'engageant dans ce processus. C'est pourquoi leurs comportements ne sont pas une conséquence logique de leurs attitudes. C'est comme si nous avons à affaire à un conducteur de véhicule qui accélère tout en freinant à la fois. Le véhicule semble bouger tout en restant sur place. Voilà ce que nous appelons hiatus entre le comportement et l'attitude des producteurs madarè.

Ce hiatus constitue le nœud gordien ou le problème central de notre recherche par laquelle nous voudrions comprendre et expliquer ce comportement irrationnel des producteurs madarè. Le comportement irrationnel signifie, ici, qu'il y a inconséquence entre le comportement et l'attitude des producteurs. Nous cherchons donc à déterminer les causes de cette inconséquence et de ce hiatus qui se traduisent par le désir des producteurs d'accéder aux technologies agricoles, tout en ayant une attitude de méfiance à leur égard.

Cette attitude est propre à toute société en situation d'émergence sociale, culturelle, politique, économique ; c'est à dire à toute société qui sort de la tradition pour entrer dans le processus de la modernisation. Elle traduit le malaise qu'a la société, à se départir de l'ancien ordre social, pour revêtir le nouvel ordre. Ce problème de malaise, de hiatus, a été au centre des préoccupations de COMTE (1830-1842), lorsqu'il se demandait "comment assurer le progrès de l'humanité tout en sauvegardant l'ordre social".

Il est aussi l'une des préoccupations du Président de l'Association Internationale Six "S" le burkinabé OUEDRAOGO (1992) qui en parlant du développement de la société traditionnelle cherche à sauvegarder la culture de celle-ci d'où la devise « développer sans abîmer ». Notons que si nous avons les mêmes préoccupations fondamentales que COMTE et OUEDRAOGO. Cependant, nos démarches sont toutefois différentes. Car tous deux inscrivent le progrès ou le développement de la société, dans la statique sociale. Or nous, nous l'inscrivons dans la dynamique sociale. Nous ne cherchons pas, à tout prix, à maintenir l'ordre social actuel de la société madarè qui est engagée dans une réelle effervescence socio-culturelle, politique et économique.

Cette effervescence se traduit par une espèce de déphasage de la société madarè qui se trouve ainsi désarticulée. En effet, les performances de ses technologies apparaissent, aujourd'hui, moins efficaces et moins efficientes que les technologies agricoles importées. La société rurale peut, tout de même, chercher à sauvegarder ses valeurs morales, sociales, philosophiques et culturelles en entrant dans la nouvelle ère technologique. Il en découle qu'elle est contrainte de rompre d'avec l'ordre social ancien, au profit du nouvel ordre social naissant. Ainsi elle pourrait enrichir les innovations technologiques. Nous envisagerons donc les transformations socio-culturelles de la société sous l'angle d'un creuset culturel ou d'un "melting pot" dans lequel il y'aurait une fusion entre les modèles technologiques local et importé.

C'est dire donc que la problématique de notre recherche peut se poser en termes d'interdépendance, d'intégration, de synthèse entre les technologies locales et importées dans le processus du développement de la société rurale. Cette problématique s'inscrit dans la perspective du changement social dans lequel les technologies locales ne pourraient exister sans les technologies importées et vice versa et dans lequel les unes n'auraient aucun sens, sans les autres. Compte tenu de la complexité de la problématique centrale, il nous apparaît impossible de l'appréhender en profondeur, tant dans sa globalité que dans sa multiplicité sans l'éclater en plusieurs problématiques spécifiques ou particulières. La première problématique se situe au niveau du concept de développement de la société. Dans le mémoire de DEA, nous avons constaté qu'il existait une différence fondamentale de la conception du développement social, économique. La logique du développement de la société madarè est de type socio-religieux.

Pour cette société, le développement est, avant tout, une suite logique des liens qui existent entre les Madarè et leurs divinités. Il doit contribuer à aider les Madarè à vivre en solidarité entre eux, et ce dans le respect strict du pacte qui les lie à ces divinités. Autant dire que, par leur éducation, ils ont acquis une disposition mentale (attitude) qui devra orienter leurs comportements dans cette optique. Or, pour la société moderne, le développement est de type économique. Cet économisme ne va pas de pair avec les aspects socio-religieux.

Il va sans dire que ce type de développement exige des comportements qui se départissent de tous les aspects socio-religieux. Il exige de nouvelles attitudes et des comportements de la part des Madarè ; d'où le premier niveau du hiatus à savoir, la mentalité des Madarè est en décalage d'avec ces comportements nouveaux qu'ils doivent avoir s'ils veulent s'engager dans le processus de la modernisation de leur société.

La deuxième problématique particulière de la recherche est celle de l'ambiguïté dans laquelle se trouve la société rurale madarè. Elle (cette société) se situe entre la tradition et la modernisation c'est dire qu'elle a deux faciès, l'un traditionnel, l'autre moderne. Elle a, en d'autres termes, deux têtes, d'où l'ambiguïté qui se traduit par une situation conflictuelle latente ou ouverte entre la tradition et la modernité. Ces rapports créent un passage douloureux, brutal ou progressif des Madarè, du stade traditionnel à celui de la modernité. C'est donc un goulot d'étranglement au développement, c'est-à-dire aux mutations socio-culturelles des villages madarè en émergence. La troisième problématique particulière porte sur les attitudes et les comportements des acteurs sociaux, c'est à dire, les Madarè eux-mêmes, toutes catégories socio-professionnelles confondues.

C'est donc que les Madarè ont eu des réticences des anciens vis-à-vis de ce nouveau type de développement dans lequel est engagée leur société. Ils ont une réelle peur des mutations socio-culturelles qui s'imposent à eux et à leur société (peur des lendemains incertains, peur de perdre leur raison d'être, surtout peur de la rupture du pacte socio-religieux qui a été établi entre eux et la nature d'une part et entre eux et leurs divinités d'autre part. C'est à ce niveau que se situe le principal goulot d'étranglement du changement social, de l'appropriation. Il y a, en effet, ici, un problème d'état mental à la fois, conscient et inconscient. C'est celui de l'imaginaire social dans toute sa complexité et dans sa globalité. Cette société ne voudrait pas voler en éclats.

Enfin, la quatrième problématique particulière est d'ordre économico-technologique. L'appropriation, le développement, bref, l'intégration des technologies agricoles locales et modernes est très onéreuse. Il y a des investissements, des amortissements, en somme, des opérations économiques très coûteuses à réaliser. De même, l'appropriation nécessite la formation technique qui coûte aussi très cher. Il ne saurait avoir appropriation sans une maîtrise réelle des technologies par les madarè. Elle ne pourrait les utiliser rationnellement sans les compétences techniques requises. Cette problématique particulière est donc celle des charges récurrentes de l'appropriation. C'est aussi le problème de la gestion des technologies.

1.3. FONDEMENTS ET ENJEUX DE L'APPROPRIATION

1.3.1. FONDEMENTS DE LA RECHERCHE

Nous entendons, par fondements, l'ensemble des matériaux scientifiques qui ont servi à la conception et à la construction théorique de la thèse. Nous avons ainsi pu les déterminer à travers la revue scientifique critique de l'ensemble des études, des travaux existant et traitant de la thématique de l'appropriation et de toute thématique qui lui est similaire. Ainsi, nous avons procédé à leur compilation qui nous a révélé, que l'appropriation des technologies par la société, a été de tout temps, une préoccupation de l'humanité. En effet, chaque fois que la société a créé une technologie, elle a cherché, non seulement, en avoir la maîtrise, mais surtout à en devenir véritablement propriétaire. Car, sans cette appropriation, elle serait incapable d'en faire bon usage. De ce constat, nous avons déduit que l'appropriation des technologies par la société, par l'humanité, de façon globale, est un fait qui a des fondements socio-historiques, sociologiques et anthropologiques, politiques et idéologiques, scientifiques et théoriques, culturels et économiques.

Les fondements socio-historiques de l'appropriation des technologies découlent, du fait que l'histoire de l'évolution de l'humanité, tout entière, est, essentiellement, liée à l'évolution des technologies, à travers le temps. Elle nous apprend que toutes les transformations que la société a connues sont les conséquences logiques des transformations qualitatives et quantitatives des technologies. Ainsi, l'invention, le développement, le progrès des technologies ont constitué la pierre angulaire de l'évolution de la société, allant de la pierre taillée aux technologies de pointe actuelles, en passant par l'âge de la pierre polie et la découverte de la machine à vapeur. Chacune de ces technologies, nées du fruit de la recherche des hommes a, chaque fois, fait l'objet d'appropriation par la société. En nous appuyant sur ces exemples, nous avons alors lié l'histoire de la société à celle des technologies. C'est pourquoi nous disons que l'appropriation des technologies doit être perçue, à la fois comme un fait social et historique ; d'où l'association des termes social et historique ou socio-historique.

Pour illustrer nos propos, nous citerons deux sciences du passé des hommes et de la société, à savoir, l'archéologie et l'histoire. L'archéologie, à travers la découverte et l'examen des fossiles humains, végétaux et animaux et des outillages des temps révolus, a établi, de manière, plus ou moins formelle, des liens organiques existant entre les outillages et les hommes, d'une part, et, entre les outillages et la société, d'autre part. L'histoire, quant à elle, qui est la science sociale du passé des hommes, de leur société, mais aussi, du présent et de l'avenir de ceux-ci, a lié l'évolution des hommes, de leur société, à celle des outillages. Nous en voulons, pour preuve, le cadre chronologique de l'évolution de l'Afrique noire décrite par l'historien KI ZERBO(1978). Il a subdivisé cette évolution en six étapes essentielles. Il s'est, toujours, référé à la nature des technologies, à l'outillage employé (es) par l'Afrique, au cours de son histoire.

Ainsi, la première étape est celle des civilisations paléolithiques, c'est à dire celle de la pierre taillée qui a été l'une des toutes premières technologies de l'homme. La seconde étape est marquée par la révolution néolithique qui n'est, autre chose, que l'évolution qualitative de la pierre taillée en pierre polie. L'historien, KI ZERBO, appelle la troisième étape, la révolution des métaux. Elle marque un tournant décisif de l'évolution des technologies. L'homme a commencé à employer les métaux à la place de la pierre. C'est, donc, la période charnière de l'histoire des technologies de l'humanité.

Quant à la quatrième étape, il la désigne, sous la terminologie, « siècle des réajustements ». C'est, au cours de cette étape, que les premiers contacts, entre l'Afrique et l'Europe, ont été établis. Il est établi que ces contacts résultent de l'évolution de la maîtrise des technologies par l'homme qui les a employées pour voyager à travers le monde. Cette rencontre entre l'Afrique et l'Europe a été celle des technologies locales et européennes, rencontre à base technico-économique. Ces dernières ont permis à l'Europe d'occuper l'Afrique. C'est la cinquième étape qui est, donc, celle de l'occupation européenne de l'Afrique et qui n'est, autre chose, que la domination des technologies européennes sur celles de l'Afrique. Enfin, la dernière étape (la sixième) est celle des indépendances politiques, c'est à dire, celle de l'accession des pays africains à la souveraineté internationale.

Certes, cette étape est beaucoup plus politique que technologique, car, si l'indépendance, au sens politique, est la souveraineté, nous nous demandons si cette souveraineté peut exister véritablement, quand on sait que l'Afrique est même, aujourd'hui, sous la dépendance technologique des anciennes tutelles de la métropole. Outre, cette typologie de l'évolution de l'Afrique, d'autres faits historiques situent la dimension socio-historique des technologies dans l'évolution de l'humanité. Ainsi, nous savons que l'homme a été successivement Homo faber, Homo habelis, avant de devenir, ce que nous appelons, aujourd'hui, l'homme industriel, l'homme des technologies. Cette classification est essentiellement liée à la révolution technologique, à la transformation des outillages. C'est, dans cette même optique, que l'Américain MUMFORD (1979) a réparti l'ère technologique en trois phases.

La première phase est dite éco-technique, c'est la phase au cours de laquelle le vent et l'eau ont servi de source d'énergie. La seconde appelée paléotechnique a été caractérisée par l'emploi du charbon comme source d'énergie. Ce qui a permis à l'homme de travailler le fer (ère métallurgique naissante). La troisième phase est dite néotechnique. Elle est marquée par l'emploi de l'électricité et du pétrole comme source d'énergie. Ces faits attestent que l'histoire des technologies est aussi vieille que l'humanité. Nous retiendrons donc que les technologies ont servi de levain à l'évolution de l'humanité, tout entière. Elles ont une dimension socio-historique dont nous voudrions prendre en compte dans l'appropriation des technologies par la société madarè. Ainsi, nous pouvons dire que l'appropriation des technologies a une dimension sociale et historique.

Les fondements sociologiques et anthropologiques résident dans le fait que la question technologique a fait l'objet des nombreux travaux en sociologie comme en anthropologie. L'approche sociologique a été initiée par COMTE qui, en élaborant les principes de base de la sociologie naissante, a établi un lien étroit entre le progrès de l'humanité et celui des connaissances scientifiques et techniques. Il annonçait, déjà, l'importance capitale que joueraient les connaissances scientifiques et les techniques dans l'essor de l'humanité. À sa suite, DURKHEIM (1988), en faisant la typologie des sociétés, parle des sociétés primitives : terme qui sera repris en anthropologie. Il laisse voir en filigrane la question technologique, car, la société primitive n'est rien d'autre que celle dont les technologies sont élémentaires, pour ne pas dire rudimentaires. Elles ne peuvent pas lui permettre de se comparer aux sociétés industrialisées. Ce sociologue a aussi amorcé le concept de la division scientifique du travail qui est l'utilisation rationnelle des technologies.

De même, la répartition de la société en deux classes antagonistes, faite par MARX (1847), au-delà de son caractère idéologique, a une connotation technologique. Les moyens de production de l'entreprise capitaliste sont, entre autres, les technologies qui interviennent dans le processus d'industrialisation de la société capitaliste. Aujourd'hui, il est évident que ceux qui possèdent le capital l'investissent, en achetant les technologies et en les rendant, de plus en plus, performantes, dans l'optique d'en tirer le maximum de profit. Ces technologies sont, non seulement les machines, mais aussi, les brevets, les licences de fabrication. D'ailleurs, WEBER (1947), en réagissant contre la théorie de Marx, démontre que la rentabilité des sociétés capitalistes va de pair avec l'organisation rationnelle ou la division scientifique de celui-ci, la spécification du travail. Or, cette organisation a pour objet, l'utilisation rationnelle des technologies. La société capitaliste, de nos jours, ne tend-elle pas vers la robotisation qui constitue le sommet des technologies ?

MAUSS (2011), quant à lui, a accordé une importante capitale aux technologies lorsqu'il a établi la typologie des technologies. Les sociologues TOURAINE (1974), CROZIER (1971), RIESMAN (1963), s'inquiètent de l'avenir de la société face à l'essor technologique qu'elle connaît. Alain TOURAINE, dans la critique de la modernité, pose le problème des conséquences de la modernisation de la société faisant d'elle objet et non sujet du développement. CROZIER partage cette inquiétude en parlant de la bureaucratie outrancière de la société française qu'il a assimilée à une "société bloquée".

David RIESMAN (1963), quant à lui, parle de foule solitaire, pour dénoncer les conséquences de l'industrialisation de la société américaine, ce qui amène l'homme à perdre le caractère social de son existence pour se retrouver, seul, même s'il est dans une foule de gens. Son œuvre, *la foule solitaire* peint la nature des rapports sociaux et humains qui existent entre les Américains d'aujourd'hui. Ces rapports sont presque inexistants du moment où les Américains se retrouvent, seuls, même lorsqu'ils sont dans une foule de gens. Il le dit explicitement : « nous vivons dans un monde aliéné sans visage et sans joie ». C'est dire, donc, qu'il existe des fondements sociologiques de l'appropriation des technologies qui participent à la réflexion portant sur l'évolution de la société en fonction de l'essor des technologies.

Quant à l'anthropologie qui, à sa naissance, s'est donnée pour vocation d'être la science de l'homme et de sa société, elle s'est détournée de cette vocation pour devenir un instrument de typologie des sociétés. Cette typologie a été essentiellement bâtie sur une base technologique à partir de la classification de MORGAN, selon laquelle la société évolue en trois étapes. Elle va de la sauvagerie à la civilisation en passant par la barbarie. La société sauvage est celle dans laquelle les hommes vivent de la forêt. C'est l'ère de la cueillette, pêche, chasse.

Dans cette société, les hommes emploient des technologies élémentaires. La forêt étant très généreuse, ils n'ont pas besoin des technologies complexes pour effectuer la cueillette, la pêche, la chasse. La société barbare est celle qui a des exigences technologiques, car les hommes ont commencé à abandonner la vie de la forêt pour mener des activités de production (agriculture, élevage, etc.). Enfin, la société civilisée est celle qui a des technologies de pointe.

Cette typologie de MORGAN a servi à l'édification des thèses des anthropologues (MALINOWSKI 1968, STRAUSS, MAUSS). Ces thèses, non seulement, ont emboîté le pas de MORGAN, mais surtout, ont essayé de justifier la typologie de la société, en société sauvage, barbare, primitive, civilisée. La société civilisée, étant le point de mire, c'est à dire, la société avancée, développée. Il a fallu alors se servir de ces thèses pour civiliser les sociétés sauvages, humaniser les sociétés barbares, développer celles qui sont primitives.

C'est, sur cette base, qu'a été échafaudée toute la théorie eurocentriste qui a amené l'Europe à apporter la "civilisation" aux autres peuples, ce qui explique la conquête du monde (Nouveau Monde, Afrique, etc.) par l'Europe. Le discours anthropologique a eu pour fondement les technologies. Il est le même, aujourd'hui, même s'il a changé de forme. L'anthropologie est devenue la science des sociétés primitives, des peuplades, des sociétés traditionnelles, alors que la sociologie étudie les sociétés développées.

Au plan scientifique, il existe, aujourd'hui, de nombreux travaux qui traitent de la question des technologies et surtout de leur transfert vers la société rurale. De même, des nombreuses théories de développement de cette société ont été élaborées. Or, le développement ne saurait se faire sans l'appropriation des technologies modernes. Ainsi l'appropriation de ces technologies a des fondements scientifiques et théoriques que nous essayerons de découvrir, à travers l'analyse de quelques théories de développement expérimentées ou en cours d'expérimentation au Burkina.

Aux plans politique et idéologique, les technologies ont été à l'origine de nombreuses batailles, depuis l'antiquité à nos jours. Elles se sont, très souvent, détournées de leur vocation première à savoir, contribuer au développement de l'humanité pour se transformer en des instruments d'assujettissement des peuples, de conquête du pouvoir politique. L'histoire de l'humanité est jalonnée des faits qui attestent que les technologies sont des instruments de domination, de dictature. Souvenons-nous de la conquête du monde par les Romains. Elle s'est faite dans l'optique de la domination du monde par les Romains, qui elle-même, est née de celle des technologies romaines qui étaient à l'époque, les plus performantes.

D'ailleurs, les Romains ont cherché à imposer leur civilisation donc leurs technologies au monde. Point n'est besoin de montrer que la traite des nègres a un fond technologique. Les Occidentaux qui, pendant cette période, avaient des technologies plus performantes que celles des nègres les a réduits à l'esclavage. D'ailleurs, les pacotilles de ces technologies ont servi de troc des nègres. Dans tous les cas, la traite négrière a servi de réservoir de main-d'œuvre qui, dans la plupart des cas, a suppléé le manque des performances des technologies naissantes, à cette époque. De même, le nazisme a pour origine la performance des technologies des Allemands qui a donné à la civilisation allemande une suprématie ; c'est alors que les Allemands ont cherché à imposer leur civilisation aux autres peuples du monde. Ainsi, le désir de domination est né chez les Allemands. Il a été à l'origine des deux guerres mondiales. La suprématie des technologies a été à l'origine de l'impérialisme allemand.

Après les deux guerres mondiales est née la guerre froide qui a réparti l'humanité en deux camps antagonistes se livrant, sans cesse, la guerre pour la conquête du monde. Ainsi, les batailles idéologiques qui ont opposé les capitalistes aux communistes, n'étaient, autre chose, que des batailles des zones d'influence technologique ou des zones d'écoulement des technologies. Aujourd'hui, même si nous assistons à l'effondrement du Bloc des pays de l'Est, cela ne signifie pas que l'hégémonie des technologies n'existe pas. Les Américains, les Japonais, les Occidentaux ne se livrent-ils pas, actuellement, à des guerres commerciales par lesquelles ils cherchent les marchés pour écouler leurs technologies ?

Ces quelques exemples illustrent bien que les technologies ne sont pas politiquement et idéologiquement neutres. Elles véhiculent les germes de domination d'une société sur l'autre et imposent des attitudes et des comportements. On ne devient pas pilote si l'on n'acquiert pas le comportement digne d'un pilote. De même, un producteur manuel qui accède à la culture motorisée doit avoir les réflexes de celui qui a conçu ou qui conduit le tracteur. Autant dire qu'il ne nous est pas possible d'étudier l'appropriation des technologies agricoles par la société madarè sans sa dimension politico-idéologique.

Quant aux fondements culturels, ils peuvent être déduits des liens intimes qui existent entre la culture et les technologies. Ces liens sont tellement forts qu'il est permis de dire qu'un fait technologique est un fait culturel. La technologie est une forme d'expression du mode de vie d'une société. Les anthropologues par la typologie de la société en société sauvage, barbare, primitive et civilisée, ont bâti leur thèse, non seulement, sur le niveau technologique, mais aussi, sur le mode de vie de la société. La société sauvage, au sens étymologique des termes, est celle dont le mode de vie est de type sylvicole. Les hommes de cette société vivent essentiellement des fruits de la forêt. C'est la civilisation de la cueillette, de la pêche, de la chasse.

Or, à cette époque, la forêt était très généreuse. Ce qui explique que les hommes employaient des technologies élémentaires. Par contre, quand la sédentarisation a eu lieu, ils ont commencé à inventer des technologies qui leur ont permis d'exploiter la terre. Le mode de vie sédentaire entraîna la création des technologies appropriées à cet effet. C'est alors que naquit la civilisation agricole. De même, l'invention de la machine à vapeur a créé un nouveau mode de vie, une nouvelle civilisation qui, à son tour, connaîtra des transformations profondes au fur et à mesure que les technologies se perfectionnaient.

C'est ainsi qu'est née la civilisation industrielle qui est la conséquence des technologies industrielles. Ces différents exemples attestent qu'il existe une imbrication et une implication telles qu'il n'est pas possible de dissocier le fait technologique du fait culturel. Il en résulte que l'appropriation des technologies par la société est un processus d'intégration de ces technologies au mode de vie, à la civilisation, bref à l'imaginaire socio-culturel de cette société. C'est dire donc que cette appropriation a une dimension culturelle indéniable.

Quant aux fondements économiques de l'appropriation des technologies, ils découlent du fait que le développement économique est à la fois la cause et l'effet des technologies. En effet, si nous considérons l'économie comme la science de la production, de la distribution et de la consommation des biens et services que les hommes emploient pour satisfaire leurs besoins sociaux, physiologiques, etc. nous devrons admettre que les technologies sont à la base de toute activité économique. L'une des caractéristiques essentielles de l'économie se situe au niveau des technologies qui en constituent la substance.

Ces technologies représentent l'ensemble des procédés matériels sans lesquels aucune activité de production, de distribution, de consommation des richesses n'est possible. D'ailleurs, tous les systèmes économiques sont étroitement liés aux technologies et au mode de leur appropriation. Schématiquement, les systèmes de production se répartissent en trois grandes catégories. Les systèmes primitifs ou précapitalistes caractérisés par la prédominance d'une économie de type artisanal et une autarcie (économie fermée). Ces systèmes sont primitifs à cause des technologies élémentaires.

Dans les systèmes capitalistes dont le principe de base est la libre entreprise, l'économie est fondée essentiellement sur l'appropriation privée des moyens de production, c'est-à-dire les technologies. Ce type d'appropriation constitue donc la valeur et l'esprit du capitalisme. Les systèmes socialistes ou collectifs qui sont aux antipodes des systèmes capitalistes tant dans leur esprit que par les valeurs qu'ils véhiculent, ont pour fondement l'appropriation collective des moyens de production, disons des technologies ; ce qui permettrait de supprimer " l'exploitation de l'homme par l'homme", selon MARX

Dans tous les cas, le développement économique est la résultante des performances des technologies. Au-delà de toutes les divergences idéologiques, les systèmes économiques se bâtissent tous sur une base essentiellement technologique. L'échafaudage de tout système économique repose sur les technologies. Ainsi, la typologie de l'économie en secteurs primaire, secondaire et tertiaire a été établie en fonction des technologies. Le secteur primaire qui est constitué de l'agriculture, de l'artisanat, de l'élevage, etc. emploie des technologies beaucoup moins complexes que celles du secteur secondaire notamment les industries. Les technologies de ce secteur sont moins complexes que celles du secteur tertiaire (le commerce, le transport, le tourisme, etc.).

Somme toute, disons que l'économie et les technologies vont de pair. Il en résulte que l'appropriation des technologies a une dimension économique. De l'examen des fondements de la thèse, il se dégage un certain nombre de motivations ou des raisons qui nous ont amené à l'étudier.

1.3.2. ENJEUX DE L'APPROPRIATION DES TECHNOLOGIES

De la présentation de la recherche, dans son ensemble, nous pouvons dégager un certain nombre de ses enjeux. Ces enjeux sont essentiellement d'ordre scientifique, sociologique et académique. Par cette thèse, nous voudrions apporter notre modeste contribution à la recherche scientifique qui est présentement, menée, au Burkina, en matière de transfert de technologies à la société rurale. Nous nous sommes particulièrement intéressés à la recherche-développement qui est le principal enjeu scientifique de la thèse. C'est pourquoi nous avons cherché à la découvrir à travers la définition de ses concepts.

Le concept de la recherche- développement est né à partir de la nécessité d'établir un lien entre la recherche et le développement ou de faire de la recherche un outil au service du développement. Elle peut être définie comme étant la recherche orientée sinon bâtie sur les aspects de développement. Pour le Petit Larousse (1985), la recherche- développement est "l'ensemble des procédures qui concernent la conception, la mise au point et la fabrication d'un nouveau produit". En l'appliquant à l'agriculture, au développement rural, JOUVE et

MARCOIRET (1987) la définissent comme "l'expérimentation en vraie grandeur et en concertation étroite avec les agriculteurs, des améliorations techniques, économiques et sociales de leurs systèmes de production et des modalités d'exploitation de leur milieu".

La recherche-développement est donc une démarche qui met en présence tous les acteurs qui interviennent dans le processus de la recherche et du développement de la société rurale. Elle peut être considérée comme un double mouvement ascendant et descendant. Elle est ascendante lorsqu'elle part de l'identification des besoins réels des producteurs auxquels elle cherche à apporter des solutions concrètes allant donc de la base au sommet. Elle est descendante quand les chercheurs mettent au point un nombre de paquets technologiques en station et les transmettent aux producteurs. Dans ce cas, nous allons du sommet (stations de recherche) à la base par le truchement des agents de la vulgarisation agricole.

Les vulgarisateurs constituent la courroie de transmission de ce double mouvement qui se présente sous une forme triangulaire : chercheurs-vulgarisateurs- producteurs. C'est ce que TOURTE et BILLAZ (1977) appellent le "dialogue triangulaire". Ces deux auteurs présentent la recherche-développement comme étant "une expérimentation en milieu physique et social des possibilités de changement technique et social des producteurs" ; ce qui revient à dire que la recherche-développement est un système de transfert des technologies mises au point dans les Stations de recherche aux producteurs. Elle est donc un moyen de diffusion des nouvelles technologies dans la société rurale.

La mise en œuvre de la recherche-développement se fait avec une stratégie qui comporte *JOUVE* et al. (1987) trois phases essentielles à savoir : le diagnostic, l'expérimentation, le transfert. Le diagnostic est l'analyse des conditions de vie et de travail des producteurs ruraux, en somme, des conditions de production. Il a pour objet d'identifier les contraintes de la production agricole, mais aussi les atouts dont disposent les producteurs pour la réaliser.

Les méthodes employées dans la conduite de ce diagnostic diffèrent d'un auteur à l'autre JOUVE ET CLOUET (1987), suggèrent de faire le diagnostic par une analyse systémique (analyse des systèmes de production). Le CIRAD et l'ORSTOM (1977), proposent de réaliser le diagnostic par une analyse historique qui, selon eux, permet d'identifier non seulement l'évolution des systèmes de production dans le temps, mais surtout de déterminer les voies et moyens d'intervention les plus appropriés pour assurer leur développement.

La phase de diagnostic est suivie de celle de l'expérimentation qui est l'étude du comportement réel des innovations technologiques, soit dans les conditions de la Station de Recherche, on parle alors des essais, soit dans les conditions des producteurs, il s'agit là des tests. Dans l'un et l'autre cas, elle est suivie d'une analyse statistique et d'une interprétation des résultats. L'objet de l'expérimentation est de faire une analyse à partir de l'évaluation des performances techniques des innovations.

Pour notre part, nous ajoutons à cette trilogie des phases, une quatrième qui est celle de l'appropriation des technologies. Cette appropriation se traduira par l'adoption des innovations, la maîtrise technique de celles-ci et surtout par leur intégration au vécu quotidien de la société rurale, mieux à ses pratiques, à sa culture ; ce qui implique que la Recherche-développement est nécessairement une recherche sociologique sans laquelle, la diffusion des paquets technologiques en milieu rural ne saurait se faire sans heurts socio-culturels.

Elle ne peut se faire que si elle est accompagnée de la recherche sociologique qui lui donne les possibilités de connaître le milieu rural. D'ailleurs, la définition de la recherche-développement de TOURTE ET BILLAZ (1977) fait ressortir la complémentarité qui existe entre les deux types de recherche. Pour ces auteurs cités en références, la Recherche-développement porte nécessairement sur les "possibilités du changement technique et social des producteurs" ce qui nous fait dire que nous ne saurions appréhender l'appropriation des technologies par la société madarè, sans faire de la sociologie du changement social, ou des mutations sociales. Elle est une des composantes essentielles de la recherche sociologique.

En effet, la sociologie du changement social est une branche (naissante) de la sociologie qui cherche à expliquer et interpréter le changement ou l'ensemble des transformations ou des mutations qui s'opèrent dans une société donnée à une époque donnée de son histoire. Le concept du changement social a été, depuis que la sociologie est devenue une science sociale, la pomme de discorde et de polémique entre les sociologues. Cette polémique se situe au niveau de la nature de l'importance et de l'orientation du changement social.

C'est ainsi que les sociologues ont constitué, depuis lors, deux camps : les sociologues de la statique sociale, et ceux du changement social. La sociologie de la statique a été inaugurée par Auguste Comte lorsqu'il parlait de l'ordre social, puis reprise par Emile Durkheim qui préféra employer le terme de consensus social d'où les thèses de l'ordre social, du consensus social. Dans tous les cas, la thèse de la statique sociale soutient que la société reste égale à elle-même, même si elle connaît des progrès scientifiques et techniques.

La sociologie du changement social est née des théories marxistes selon lesquelles la société est de manière permanente, en conflit avec elle-même par les contradictions sociales qui sont elles-mêmes les conséquences de la lutte de classes. Au-delà de leur connotation idéologique, ces théories soutiennent la thèse du progrès, c'est à dire de la transformation de la société au cours de son histoire. Le concept du changement social est né aussi des théories de l'évolutionnisme biologique, qui sont aussi appelées les théories des mutations. De ces théories, il y a eu l'émergence des termes qui, dans la réalité, sont synonymes parce qu'ils expriment la même chose. Il s'agit de l'évolution, du changement, de la révolution, de la modernisation.

Ces concepts biologiques ont été progressivement introduits en sociologie. Ainsi, on parle de changement social, des transformations sociales qui s'effectuent dans une société et qui sont observables. Ces transformations peuvent être quantifiables ou non. Elles le sont lorsqu'il s'agit des transformations qui permettent d'augmenter la taille de la société (la démographie). Par contre, lorsque ces transformations portent sur l'imaginaire social, le système de représentations sociales, les comportements sociaux, les attitudes des acteurs sociaux, elles ne sont pas quantifiables. Dans ces deux cas de figure, mieux que toutes les sciences, la biologie a su distinguer des transformations quantitatives, de celles qui sont qualitatives.

Dans le premier cas, elle parle de croissance et de développement dans le second. La croissance signifie l'augmentation en quantité. Elle se traduit par l'augmentation de la taille, du volume des êtres vivants alors que le développement est la transformation qualitative faisant passer un stade à l'autre. Ainsi le développement de l'homme (viril) au sens biologique du terme n'est autre chose que l'ensemble des transformations qualitatives de ses caractères virils primaires et secondaires. Les caractères primaires représentent sa virilité c'est-à-dire la capacité qu'a l'homme à se reproduire alors que les caractères secondaires sont entre autres, la gravité de la voix, la barbe, etc.

Partant de ces concepts biologiques, nous disons que le changement social est à la fois quantitatif et qualitatif. Le changement social dans ce cas est un phénomène social total qui touche la société dans son ensemble, tant dans ses structures que dans ses textures, autrement dit, dans son organisation d'ensemble et dans ses parties constituantes.

C'est dans ce sens que ROCHER (1970), a défini le changement social comme étant "toute transformation observable dans le temps, qui affecte d'une manière qui ne soit pas que provisoire ou éphémère, la structure ou le fonctionnement de l'organisation sociale d'une collectivité donnée et modifie le cours de son histoire". Cette définition indique que le changement social s'opère dans un champ historique. Il modifie le cours de l'histoire de la société d'où sa dimension historique. De même, elle montre que le changement est un processus irréversible et permanent qui "affecte d'une manière qui ne soit pas que provisoire ou éphémère". Enfin tout changement social est observable c'est-à-dire qu'il peut être identifié à tout moment.

C'est dans la même optique que BALENDIER (1973), situe la profondeur du changement, des mutations sociales lorsqu'il dit que "pour que les mutations sociales soient effectives, il faut que les transformations qui affectent la société globale soient irréversibles". Pour GURVITCH (1977), le changement social a l'effet d'une dynamique différentielle touchant l'ensemble des "paliers de profondeur de la réalité sociale". Le changement suit donc un rythme dans le temps.

Ainsi, la définition des concepts du changement social, des transformations sociales, des mutations sociales, nous amène à dire que le changement social peut se définir comme un processus des transformations sociales brutales ou progressives qui font qu'une société ne reste pas la même au cours de son histoire. Or, nous avons soutenu que l'appropriation des technologies par la société madarè laisse voir en filigrane tout un ensemble des transformations sociales, culturelles, économiques, politiques de cette société. Elle est donc synonyme de changement social, de mutations sociales profondes en perspective.

Il en découle que l'appropriation des technologies s'inscrit dans la perspective du changement de la société madarè. Elle s'inscrit donc dans la recherche sociologique du changement social. Or, nous ne saurions faire une sociologie du changement social sans celle de l'action sociale. Le concept de l'action sociale fait partie des trois concepts qui ne requièrent pas l'unanimité des sociologues, les deux autres étant l'organisation sociale et le changement social. Ce concept a donné naissance à la sociologie de l'action qui cherche à expliquer et à comprendre les fondements de l'action sociale, c'est-à-dire les motivations profondes qui amènent les hommes à agir.

TALCOTT (1937) est arrivé même à élaborer une théorie générale de l'action sociale. Il la définit comme étant "toute conduite humaine (individuelle ou collective) guidée par des significations qui lui sont extérieures (règles, symboles, valeurs)". Cette définition révèle que l'action est un phénomène social dont les causes (motivations) ne dépendent pas de la volonté des hommes, mais des règles ou des normes de conduite, des symboles et des valeurs de la société. Poussant en profondeur sa théorie, cet auteur distingue trois strates (niveaux) de l'action sociale à savoir la structure, la fonction, le processus.

La structure est l'organisation interne de l'action, ce qui représente en réalité le mode d'agencement des différents éléments qui composent l'action sociale. Quant à la fonction de l'action sociale, elle n'est autre chose que la finalité de celle-ci. Toute action sociale répond à un besoin des hommes et de la société, c'est dire qu'elle n'est pas gratuite. Enfin, l'action sociale est un processus qui implique des changements. Elle est, selon TALCOTT (1937), un système.

Notons que le concept de l'action sociale a été aussi au centre des travaux de WEBER, ° de DURKHEIM. Selon WEBER, 1947), "l'action (humaine) dans la mesure où, du fait de la signification subjective que l'individu ou les individus qui agissent y attachent, elle tient compte du comportement des autres et en est affectée dans son cours". De cette définition nous pouvons dégager le caractère social de l'action humaine, l'homme agit en tenant compte des autres hommes d'où la sociabilité sans laquelle son action n'aurait aucun sens. De même, l'action humaine n'a de valeur que si elle se situe dans un système d'interactions, d'interdépendance des hommes. L'action sociale est donc liée à une sorte de communication humaine et sociale par laquelle il y a une imbrication et une implication des actions humaines. L'action humaine est donc une action essentiellement sociale c'est-à-dire la résultante des interactions.

Pour DURKHEIM (1937), l'action sociale est l'ensemble "des manières d'agir, de penser et de sentir, extérieures à l'individu et qui sont douées d'un pouvoir de coercition en vertu duquel, elles s'imposent à lui". Autrement dit, l'action que les hommes posent ne résulte pas de leur conscience individuelle, mais de la conscience collective ; c'est comme si nous disons que les hommes agissent parce qu'ils sont contraints par la société, par leur environnement d'agir. En clair, les actions humaines répondent à des orientations, à des normes, à des modèles, etc. La définition de DURKHEIM a été reprise de manière plus explicite par ROCHER (1968) comme suit : "c'est toute manière de penser, de sentir dont l'orientation est structurée suivant des modèles qui sont collectifs, c'est à dire qui sont partagés par les membres d'une collectivité quelconque de personnes".

De toutes ces définitions, nous retenons que l'action sociale est l'ensemble des actions, des faits, des gestes des hommes d'une société donnée, ayant des orientations et des normes précises, des interactions de type complémentaire ou conflictuel. Le bref aperçu que nous venons de faire sur l'action sociale illustre bien qu'il n'est pas possible de défendre une thèse de l'appropriation des technologies par la société madarè, sans faire de la sociologie de l'action par laquelle nous étudions le comportement (agissements) et les attitudes des Madarè vis-à-vis de ces technologies. C'est donc dire que nous mettons les acteurs sociaux madarè dans l'action de l'appropriation qui crée nécessairement un nouvel environnement pour eux et pour leur société. Ainsi, nous serons à mesure de montrer si oui ou non, ils acceptent de les intégrer dans le processus du développement de leur société, ce qui nous fait dire que notre recherche porte sur la dynamique de groupe.

Historiquement, la dynamique de groupe est née en Europe, mais elle s'est développée en Amérique (notamment aux USA). C'est dans cette optique que les sociologues (COMTE ET DURKHEIM et les autres) ont été les premiers à mener des travaux scientifiques sur les groupes sociaux (familles, les associations de personnes, la société elle-même). Ils sont les initiateurs de la dynamique de groupe.

Les psychologues ont aussi mené des travaux sur la dynamique de groupe. Ils se sont particulièrement intéressés à mesurer l'influence des groupes sur le comportement, la personnalité de l'individu. Les Psychiatres l'ont étudiée sous l'angle de la fonction thérapeutique, à partir du principe "l'individu est marqué, dès son enfance, par son milieu qui crée en lui un déterminisme dans son développement socio-émotif. De l'ensemble des travaux effectués sur le groupe, nous avons retenu ceux de MORENO et LEWIN.

MORENO, à travers la sociométrie, a mis au point le psychodrame par une série de séances de discussions libres des petits groupes. Il constate que chaque participant à ces groupes peut constituer un agent thérapeutique pour les autres. Il fait une observation dans un camp de concentration de personnes au cours de la 1ère guerre mondiale. Cette observation lui permet de constater que ces personnes s'adaptent beaucoup mieux au camp, si elles forment des groupes spontanés. Ces constatations lui permettent de lancer les essais de théâtre thérapeutique. Ainsi, il est arrivé à mettre, au point, le jeu de rôle ou le psychodrame. Sur la base du principe : "tout groupe humain a une structure informelle qui détermine les comportements des individus du groupe, les uns par rapport aux autres".

Quant à LEWIN, il est le premier à créer, "le Centre des recherches sur la dynamique de groupe". Il a, principalement, axé ses travaux sur le groupe en tant qu'ensemble humain et climat psychologique. Il est le fondateur de l'expression "dynamique de groupe".

La dynamique de groupe, est la science de la nature des rapports, qui existent ou qui peuvent exister entre les hommes s'assemblant sur la base des affinités et des intérêts La nature du groupe est définie par les membres de celui-ci et par les normes de conduite. Elle est la science des relations qui permettent d'étudier les mécanismes de constitution et de fonctionnement des groupes que nous allons essayer de découvrir, en définissant le concept du groupe. Pour ce faire, examinons, les définitions de quelques auteurs qui ont étudié le groupe. Il s'agit entre autres, D'ANZIEU, du DURKHEIM, de TARDE.

ANZIEU définit le groupe à partir de l'étymologie du terme. Le mot groupe vient du mot italien *"groppo ou gruppo"* signifie nœud. Au sens germanique *"kurppa»,* il représente une masse arrondie "le rond". Ces deux termes "nœud et rond" constituent les lignes forces de la définition étymologique de terme "nœud". Il exprime le degré de cohésion existant entre les membres du même groupe. Quant au terme "rond», il désigne le "cercle". En résumé, nous pouvons dire qu'un groupe est un cercle de personnes ayant une cohésion entre elles.

Selon *ANZIEU,* "le groupe est un fait global dont l'individu est une partie interne assez distincte, la partie tend à la fusion du tout". *DURKHEIM* considère "les collectivités comme des phénomènes autonomes, susceptibles d'être étudiés indépendamment des individus qui en font partie". C'est la thèse de l'entité du groupe en dehors des membres qui le composent. Cette thèse est refusée par *Tarde G.* et par *Allport* qui ont une conception atomistique du groupe. Ainsi *Allport* dit que "seuls les individus sont vrais, les groupes, les institutions sont des idées, des concepts qui n'existent que par et dans l'esprit des individus. Les groupes sont des abstraits. Le groupe est une simple addition des parties. Il conclut que "seul l'individu est réel, le groupe est un ensemble de pensées".

Quant à *Monero* ; il met l'accent sur la complémentarité intragroupe, par le jeu de rôle qui permet d'accepter les autres et de se faire accepter par eux. Pour *Lewin* "le groupe est un ensemble d'individus interdépendants". Il rejette la thèse atomistique du groupe. Le groupe, dit-il, n'est pas une similitude des membres, mais leur interdépendance. Voyons, enfin, la conception africaine du groupe représentée par *Jomo Kenyatta* (1893-1978) qui dit que "l'individu ne se définit que dans et par le groupe auquel il appartient".

De toutes ces définitions, nous retiendrons que la dynamique de groupe est une science qui permet d'étudier les phénomènes psycho-sociaux qui se produisent dans les groupes et les lois qui régissent ces groupes. Elle ne se limite pas à l'étude des mécanismes de son fonctionnement. Elle analyse aussi son évolution dans l'espace et le temps. Or, si nous faisons de l'appropriation, un phénomène évoluant de manière spatio-temporelle, il sied d'employer une méthode qui permet d'étudier cette évolution d'autant plus que nous présentons le développement comme un processus d'évolution quantitative et qualitative de la société.

À ce niveau, il existe plusieurs méthodes qui nous offrent la possibilité d'étudier cette évolution. Il y a, en effet, la méthode de l'évolutionnisme biologique, la méthode sociologique, la méthode anthropologique, etc. que nous allons explorer en passant en revue les références de quelques sociologues qui ont étudié l'évolution de la société. Il s'agit d'Auguste *COMTE, de Karl MARX, de Georges GURWICH.* Nous ferons aussi appel à l'économiste *Rostow W.W.*

Auguste COMTE en élaborant la loi des états, laisse entrevoir trois phases essentielles du développement de la société. Il s'agit des sociétés militaire, légiste et industrielle. La société militaire est le premier niveau de développement. Elle est une société marquée par le caractère absolu. Elle est essentiellement rurale, sa technologie est rudimentaire. Dans la société légiste, il y a une sorte de partage de pouvoir entre l'Etat et l'Eglise (Etat-Eglise). Sa technologie est du type intermédiaire. Enfin, la société industrielle est caractérisée par des technologies de pointe et une recherche de l'augmentation de la production qui aboutit à une concentration des travailleurs et des masses autour des usines et des villes. Elle est la société des technocrates.

Pour *KARL Marx*, il y a six étapes de l'évolution de la société. Nous dirons phases du développement de la société. Il fonde l'évolution de ce développement sur la base du mode de propriété des moyens de production. Aussi, disons-nous que cette évolution a une essence technico-économique. En effet, les moyens de production sont les technologies et le capital de celle-ci. L'évolution de la société, selon Marx, va de la communauté tribale à la société bourgeoise en passant par les sociétés asiatique, antique, germanique, féodale. La communauté tribale (forme la plus ancienne de la société) est de type communal. Le terroir : principal moyen de production appartient à une tribu. Elle est caractérisée par la division très limitée du travail, des techniques de production archaïques.

C'est une société sans classes (ayant un communisme primitif). La société asiatique est de type rural marquée par un mode de production communal qui est plus élevé que celui de la communauté tribale. Les terres appartiennent au pouvoir suprême détenu par un despote. Dans la société antique, il y a un groupement de plusieurs tribus et la naissance des villes, les cités Romaine et Grecque (Rome et Athènes). Le mode de production est de type privé. Il y a l'apparition de la propriété privée mobilière et immobilière qui entraîne l'existence des classes et existe une opposition entre la campagne et la ville.

Dans la société germanique, le mode de production est de type autonome ; chaque famille a sa propriété foncière et ses moyens de production. Elle est de type rural et individualiste. La société féodale est une société rurale dans laquelle les grands propriétaires fonciers emploient les serfs pour exploiter les domaines. Cette société est fortement hiérarchisée, composée des seigneurs (grands propriétaires fonciers) qui sont en ville et des serfs vivant dans la campagne. Elle prépare la naissance de la société capitaliste (bourgeoise) dans laquelle les capitaux appartiennent aux bourgeois, le développement technique et la division du travail sont très poussés.

En somme, l'évolution de la société décrite par Marx a un fondement idéologique. Elle est bâtie sur la lutte des classes. Quant à Georges Gurvitch, il a établi une typologie des cadres sociaux dans lesquels se meut la réalité sociale. Cette typologie sous-tend l'évolution ou le développement de la société globale. Georges GURVITCH présente deux types de sociétés globales (les sociétés historiques et les sociétés contemporaines). Les sociétés historiques (au nombre de six) vont des théocraties charismatiques à la société démocratico-libérale en passant par les sociétés patriarcales, féodales, les cités-états et la société capitaliste.

Les théocraties charismatiques sont des sociétés dans lesquelles on identifie l'Empire et l'Eglise grâce au charisme du roi-prêtre-Dieu c'est dire, qu'il y a un dynamisme des croyances. Ainsi, les cultes et les symboles sont de type mystico-religieux. La division du travail est très limitée dans ces sociétés. Les sociétés patriarcales, se caractérisent par une prédominance du groupe domestico-familial érigé en Etat.

Il s'agit, ici, des petits fiefs, des chefferies que l'on a rencontrées dans les sociétés dont parle l'Ancien Testament. Dans les sociétés féodales, il y a une forte hiérarchisation sociale de type militaire et la naissance des villes qui deviennent les centres d'attraction politique, économique, sociale. Bref, la chaîne féodale est bâtie sur la base des villes affranchies. Leur prédominance est tellement grande qu'elles vont, petit à petit, se transformer en empire pour donner naissance à des cités-États.

C'est dire donc que ces villes ont le monopole de la vie politique de la société. Ces cités-États deviendront, par la suite, des sociétés d'où émergeront le capitalisme et l'absolutisme éclairé de type monarchique. La monarchie détient le pouvoir d'Etat qu'elle exerce, de manière autoritaire. Ces sociétés connaissent une forte industrialisation. C'est le cas des sociétés occidentales au XVIIè siècle. Elles vont évoluer pour devenir des sociétés démocratico-libérales dans lesquelles la libre entreprise et la démocratie vont constituer le fer de lance du développement. L'Etat sera mis en place par le suffrage universel et comportera trois organes principaux : le législatif, l'exécutif et le judiciaire.

Chaque organe a des attributions très précises. Le législatif élabore les lois qui sont mises en application par l'exécutif. La justice dans un système démocratique assure les tâches d'arbitrage, de garant des lois. Le développement important du capitalisme crée des besoins de contrôle, la nécessité de diriger le capitalisme. Il en résulte des sociétés de type dirigiste, fasciste, à planification centralisatrice et/ou décentralisatrice. Dans les sociétés dirigistes, l'Etat définit les grands axes du fonctionnement de libre entreprise. Les sociétés planifiées de type centralisateur se caractérisent par une sorte d'Etatisme qui a la main mise sur l'exercice des activités économiques. Les sociétés à planification décentralisée ont les mêmes caractéristiques, à la seule différence qu'il y a un collectivisme de type pluraliste.

Pour *Rostov*, la société au cours de son développement, passe par cinq étapes à savoir : la société traditionnelle, le pré-démarrage, le démarrage, l'évolution vers la maturité, l'ère de consommation de masse. La société traditionnelle est de type agricole (plus de 35 % de la population active se consacrant au secteur primaire). Le PNB par habitant est faible. La hiérarchisation sociale est forte. Au pré-démarrage, la société traditionnelle amorce un progrès technique et économique et une ouverture vers le marché, ce qui lui permet de réaliser le démarrage de la croissance économique et d'accéder aux technologies dont la société en pré-démarrage a besoin pour s'industrialiser.

Cette étude serait incomplète si nous l'envisageons uniquement sous ses aspects social et sociologique. Car, s'il est vrai que l'appropriation de ces technologies est un phénomène social, il n'en demeure pas moins vrai qu'elle est aussi économique. C'est dire qu'elle doit être socialement et économiquement rentable. Elle est, donc, à la fois, un phénomène social et économique, l'un ne pouvant se départir de l'autre. C'est pourquoi, tout en faisant de notre étude, une recherche sociologique, nous lui adjoignons le caractère économique. Ainsi, la recherche économique que nous entreprenons a pour objet de déterminer les conditions qui peuvent permettre à l'appropriation des technologies, d'être à la fois efficace et efficiente, pour la société madarè.

Elle pourrait s'approprier ces technologies à moindres coûts tout, en tirant le maximum de profit de leur emploi. Cela suppose, de sa part, des comportements sociaux et économiques qui l'impliquent dans la logique de l'économie moderne qui est différente de la sienne. Car, nos travaux antérieurs attestent que les deux types de logique économique (moderne et madarè) sont fondamentalement différents.

Pour appréhender leurs différences, nous avons fait de la recherche économique tout en nous initiant ainsi à l'anthropologie économique qui décrit, entre autres, l'organisation sociale de la production, de la distribution et de la consommation des richesses, au niveau de la société madarè. Nous faisons donc l'anthropologie économique dans l'optique d'une analyse comparative de deux types de logique économique. Pour ce faire, nous avons effectué la compilation des documents pour déterminer les fondements des thèses de l'économie moderne. Elles peuvent se répartir en deux grands groupes : les thèses libérales et les thèses marxistes.

Les thèses libérales, prônent le libéralisme économique, la libre entreprise. Si, au plan des principes généraux, elles ont le même objet, il n'en est pas de même au niveau des stratégies libérales. Leurs principales divergences se situent au niveau du rôle de l'Etat (de son intervention ou non) dans l'économie

Les uns s'opposent systématiquement à cette intervention dans le libéralisme alors que les autres la jugent, non seulement nécessaire, mais indispensable. Dans le premier groupe, nous pouvons citer quelques figures de marque notamment les physiocrates français dont *François Quesnay*. Ils ont élaboré la toute première théorie libérale à partir de l'existence des lois naturelles qu'ils appellent "l'ordre naturel" qui est, selon eux, "l'ordre voulu par Dieu pour le bonheur des hommes qui doivent apprendre à le connaître et à s'y conformer". Ils soutiennent que l'intérêt personnel de chaque individu ne peut être contraire à cet ordre providentiel. En cherchant son propre intérêt, chacun agira dans le sens conforme à l'intérêt général". D'où le principe "il suffit donc de laisser les hommes libres pour que le monde aille vers l'ordre et l'harmonie.

La théorie des physiocrates français est appuyée par celle du théoricien du libéralisme, SMITH (1776). Sa théorie économique a un fondement psychologique. Elle est basée sur l'intérêt personnel. Elle peut se résumer comme suit : "Le moteur de toute activité économique est le principe hédonistique qui pousse les hommes à rechercher le maximum de satisfaction avec le minimum d'effort". Il part de ce principe pour expliquer la division du travail et ses corollaires : l'accroissement de la productivité, les mécanismes des prix (l'offre et la demande).

SMITH a édifié la doctrine libérale qui est le "laisser-faire et le laissez-passer" ou la libre entreprise. Autrement dit, l'Etat doit s'abstenir de toute intervention en matière économique. Cette théorie est celle de MALTHUS (1798), qui s'oppose aussi à toute intervention de l'Etat en faveur des pauvres ; car pour lui, la misère résulte du déséquilibre entre les richesses naturelles et l'accroissement de la population. "Le peuple doit se considérer comme étant la cause de ses misères», dit-il.

En revanche, le deuxième groupe d'économistes libéraux plaide en faveur de l'intervention de l'Etat dans l'économie libérale. C'est le cas de *SISMONDI*, *Saint Simon, FOURRIER*. Pour eux, l'intervention de l'Etat peut aider l'économie libérale à juguler ses crises. Ainsi, *Sismondi* soutient que "cette intervention peut protéger les ouvriers par la réglementation du travail, en favorisant aussi la création des petites entreprises individuelles". *Fourrier C.* et *St Simon*, quant à eux, prônent des formes d'association entre les capitalistes (propriétaires des capitaux) et les ouvriers, initiant ainsi le socialisme et le coopérativisme. Ces auteurs sont cités par LAJUGIE (1967).

Quant aux thèses marxistes, elles considèrent l'économie comme la science qui analyse et explique les formes et les structures de la vie matérielle de la société. Elles accordent une place importante au mode de production c'est-à-dire à la combinaison des forces de production, et des rapports sociaux qui déterminent les structures, les formes de la production, de la distribution et de la consommation des richesses. Les théories marxistes dénoncent l'exploitation de l'homme par l'homme en déterminant la matière dont le capitaliste obtient la "plus-value" en faisant fructifier son capital. Cette "plus-value" est le profit ou le bénéfice que le capitaliste réalise sur le travail des ouvriers ou des fournisseurs de la force de travail, en ne les payant pas à la juste valeur de leur travail.

Ce salaire ne correspond jamais au travail qu'ils fournissent. Il est réintroduit dans le processus de la production aboutissant ainsi à l'accumulation des richesses et créant ainsi une différenciation sociale entre le capitaliste et les ouvriers. *Marx* est ainsi arrivé à construire les théories de l'économie socialiste fondamentalement différente de celle de *St Simon* qu'elle qualifie d'utopiste. Les thèses marxistes trouvent injuste l'économie libérale dont elles prédisent la disparition. Elles optent non seulement pour une intervention de l'Etat dans l'économie, mais pour une collectivisation des moyens de production, seul gage de la suppression de l'exploitation de l'ouvrier par le bourgeois (le capitaliste). Elles ont ainsi édifié l'économie collectiviste, qui, au terme de son processus, fera disparaître l'Etat, lui-même, pour donner naissance à une société communiste ou à une société sans classes.

Toutes ces thèses libérales et marxistes ont le même objet : l'organisation sociale de la production, de la distribution et de la consommation des richesses dans une société. Leurs différences fondamentales se situent au niveau du mode de l'appropriation des moyens de production et du mode de production. Dans tous les cas, il ressort de toutes ces thèses qu'il existe une logique qui sous-tend l'économie c'est celle de la rentabilité économique qui suppose des comportements humains et sociaux, propres à ce type d'économie. Or cette rentabilité porte sur les investissements et leur gestion rationnelle. C'est pourquoi, dans la présente recherche économique, nous accordons une place de choix aux investissements et à la gestion de la production de distribution et de la consommation des produits qui résultent de ces investissements.

Voilà la présentation que nous pouvons faire de l'enjeu scientifique de la thèse. Nous la réaliserons en faisant, à la fois, de la recherche-développement, des recherches sociologique et économique. Outre, ces enjeux, disons que la thèse s'inscrit dans la perspective de l'obtention du grade de docteur 3è cycle de sociologie d'où son enjeu académique. Elle peut toutefois aller au-delà du cadre universitaire en nous offrant la possibilité de faire carrière de chercheur ou d'enseignant-chercheur. Elle sert donc de prélude à l'élaboration d'une thèse d'Etat, de sociologie. Pour l'heure, nous abordons la deuxième partie de celle-ci. Elle est consacrée essentiellement à la découverte de la société madarè.

1.4. SOLUTIONS DE L'APPROPRIATION DES TECHNOLOGIES

De la définition de la problématique et de l'analyse de sa nature, nous pouvons dégager l'hypothèse centrale de la recherche. L'élaboration de celle-ci résulte essentiellement de l'ensemble des constats que nous avons faits, au cours de nos travaux antérieurs. Nous en avons retenu trois qui semblent fondamentaux. Premièrement, nous constatons que la société madarè est entrée, par la force des choses, dans une nouvelle ère socio-culturelle et technologique dont les valeurs idéologiques sont fondamentalement différentes des siennes. Cette entrée est en cours depuis le 10è et/ou le 14è siècles. Elle a mis en présence une série de mondes juxtaposés (madarè, français, etc.). Deuxièmement, il n'a existé aucun cloisonnement entre ces mondes, ce qui a impliqué l'existence des échanges de tous ordres entre eux.

Parmi ces échanges, les technologies agricoles importées occupent une place importante pour deux raisons. Elles semblent être plus performantes que les technologies locales. C'est pourquoi la société madarè, en majorité rurale, cherche les moyens qui peuvent lui permettre d'améliorer les conditions du travail agricole. Or, ces échanges constituent une courroie de transfert, non seulement, des technologies, mais aussi, des idéologies dont elles sont chargées. Nous pouvons en déduire aisément l'hypothèse centrale de notre recherche. Ainsi, nous affirmons que l'appropriation des technologies agricoles importées se présente, aujourd'hui, pour la société madarè, comme une exigence du développement moderne à laquelle elle ne saurait se soustraire. Elle (l'appropriation) se révèle contraignante et contrariante pour cette société.

Elle est contraignante parce qu'elle exerce une coercition qui lui dicte une ligne de conduite. Sa contrariété se traduit, pour elle, par une sorte de brasier ou de foyer d'affrontements incandescents qui l'embrasse dans sa globalité, n'épargnant aucun de ses aspects, ce qui nous fait dire que l'appropriation est un phénomène social total qui engage cette société dans un processus de transformations socio-culturelles, économiques et politiques.

Ce processus se manifeste par des dysfonctionnements de ses structures socio-culturelles, par un dérangement, sinon, par un bouleversement de l'ensemble de ses valeurs socio-culturelles, de ses systèmes de représentations. Il en résulte que la société madarè se trouve en déphasage d'avec ses propres valeurs et d'avec les nouvelles valeurs issues du contact de la nouvelle ère. Ce déphasage crée nécessairement une espèce de vide socio-culturel, politique, économique, dans la société madarè, qui se trouve ainsi dans une situation d'ambiguïté et d'ambivalence.

Bref, cette société vit une crise socio-culturelle qui n'est autre chose qu'une succession d'affrontements entre les facteurs qui militent pour le maintien des valeurs madarè et ceux qui favorisent l'avènement ou l'émergence d'un nouveau type de valeurs. Cette émergence s'effectue de manière progressive et totalisante. Elle va d'un palier à l'autre de la société. Elle aboutira nécessairement à l'ensemble des paliers de celle-ci. C'est donc une dynamique qui bouleverse la société madarè dans toute sa profondeur et qui se déploie à travers celle-ci de manière diachronique. L'appropriation engage donc la société madarè entière dans une sorte de piège dans lequel sa marge de manœuvre est très étroite.

Ou bien, elle accepte cette appropriation pour éviter de disparaître totalement ou bien elle la refuse signant ainsi son acte de mort ou de suicide socio-culturel. En somme, nous pouvons résumer cette hypothèse centrale en disant que l'appropriation des technologies est non seulement un phénomène social total, mais surtout une dynamique qui met ce phénomène en mouvement. La société madarè est dans sa totalité comme dans sa multiplicité, en marche, dont le déclenchement naît des rapports dialectiques entre ses propres technologies et celles qu'elle s'approprie par la force des choses.

Cette société est engagée dans une dynamique de transformations de sa culture dans laquelle les technologies constituent l'élément moteur et dont l'aboutissement sera un développement de type nouveau. Dans cette nouvelle optique dont naîtra nécessairement une société madarè de type nouveau, elle commettrait une erreur stratégique qui risque d'être fatale pour sa culture si elle s'enfermait dans sa propre culture pratiquant une sorte d'intégrisme culturel. De même, elle n'échapperait pas à une éventuelle disparition culturelle si elle tombait dans un complexe d'infériorité culturelle de type béat. Elle se trouve dans un dilemme qui se manifeste tant par une ambiguïté que par une ambivalence et dont l'issue serait de chercher à composer avec la nouvelle ère socio-culturelle et technologique par modus vivendi soit par consensus soit encore par syncrétisme.

Le modus vivendi ne serait rien d'autre qu'un accord minimal tacite, mieux, un compromis qui pourrait permettre une coexistence entre la culture madarè et celle de la nouvelle ère, même si cette coexistence serait très tumultueuse parce qu'elle ferait vivre ensemble deux sociétés qui semblent dire l'une à l'autre "je t'aime moi, non plus". Cet accommodement pourrait éviter la disparition totale d'une des deux cultures au profit de l'autre. Par consensus, cela suppose que les deux types de culture s'acceptent mutuellement et sont à même d'échanger un consentement qui pourrait aboutir à un accord dans lequel elles seraient, sur le même pied d'égalité, mieux, elles seraient complémentaires. Enfin, par syncrétisme, les deux cultures feraient une fusion parce qu'elles auraient trouvé l'une dans l'autre des ressemblances qu'elles mettraient au-dessus de leurs différences.

En réalité, elles trouveraient à travers chacune d'elles des points d'attache ou des points d'articulation par lesquels l'une pourrait s'emboîter dans l'autre sans heurts. Dans tous les cas, il n'est pas exclu qu'il y ait des combinaisons de type modus-videndi-consensus, modus videndi-syncrétisme, consensus-syncrétisme et modus videndi-consensus-syncrétisme. L'essentiel est de créer un climat favorable à une réelle interdépendance et à une interaction efficace, à une synthèse qui impliquerait et imbriquerait la culture madarè et les technologies de la nouvelle ère dans une sorte de creuset d'où naîtrait un développement local dans lequel les madarè se reconnaîtraient soit en totalité soit en partie.

C'est pourquoi, nous affirmons dans cette hypothèse centrale, que le développement de la société madarè doit être la synthèse de sa culture et des technologies agricoles importées. Nous ne pouvons saisir cette hypothèse centrale dans tous ses aspects, sans lui adjoindre plusieurs hypothèses sous-jacentes qui la rendent accessible et explicite. Ainsi, par la première hypothèse, nous disons que la société madarè se situe dans un contexte socio-culturel fondamentalement différent de ses valeurs qui l'oblige à s'approprier ses technologies si elle ne veut pas se mettre en marge du processus du développement moderne, de sa modernisation.

Il en résulte tout un ensemble de forces extérieures qui s'imposent à la société madarè et lui imposent une nouvelle philosophie ou une nouvelle éthique socio-culturelle, qui ne fait plus du travail agricole un processus de socialisation des madarè. Or, dans l'éthique, madarè, ce travail permet aux hommes d'affirmer leur personnalité, leurs valeurs morales, sociales, par leur propre capacité à travailler la terre. Dans la nouvelle éthique (née de l'appropriation des technologies, les outillages et les techniques modernes tendent à suppléer l'homme dans le travail agricole ; il devient, de moins en moins, un acteur, mais un catalyseur de ce travail. Ce qui nécessite tout un changement de mentalité, d'attitudes et de comportements des producteurs d'où la contrariété ou le déplaisir que crée l'appropriation. Voilà, la deuxième hypothèse particulière.

La troisième hypothèse qui découle de la seconde présente la société madarè comme une victime qui semble subir l'appropriation, ce qui serait la manifestation du caractère coercitif de celle-ci. Il en résulterait, alors, une certaine incapacité pour elle de refuser cette appropriation. Dans ce contexte, elle devrait chercher à composer avec la nouvelle ère. De cette hypothèse, nous pouvons déduire la quatrième qui consiste à dire que même si cette société est obligée de s'approprier les technologies elle n'en est pas, pour autant, une victime résignée. Elle lui manifeste soit une opposition ouverte (affrontements) soit une indifférence, soit encore une fin de non-recevoir.

Dans tous les cas, ses rapports avec la nouvelle ère sont dialectiques, donc, nécessairement conflictuels. Ce type de rapport dont l'origine pourrait être socio-historique serait la conséquence logique des premiers contacts douloureux entre cette société et la nouvelle ère. Ils sont douloureux parce qu'ils ont été effectués par des bains de sang qui lui ont créé un traumatisme d'où son allergie voire sa répugnance pour les technologies. Cette attitude s'observe, notamment, au niveau des anciens (les personnes avancées en âge) qui auraient vécu cette situation.

Partant de cette hypothèse, nous pouvons affirmer que les attitudes et les comportements des acteurs sociaux vis-à-vis de cette nouvelle ère résultent du choc psychologique qu'ils auraient subi ou non, lors des premiers contacts. Il va de soi que les anciens (les personnes âgées) seraient hostiles à cette ère alors que les jeunes générations qui n'auraient pas vécu ces contacts douloureux lui seraient assez ouverts. Dans tous les cas, l'hostilité des uns et l'ouverture des autres évolueront dans le temps, de manière positive. Les premiers pourraient à long terme consumer leur rancœur ce qui leur permettrait d'accepter la nouvelle ère, alors que les seconds s'ouvriraient de plus en plus à celle-ci.

L'appropriation serait diachronique et progressive ; diachronique (parce qu'elle est liée à l'évolution du temps), progressive parce qu'elle se ferait par palier et par cadre de la société madarè. Cette progression serait, de type vertical et horizontal, embrassant ainsi tous les différents paliers en profondeur (progression verticale) et tous les cadres sociaux (progression horizontale). Nous y reviendrons, plus tard, notamment dans l'analyse des dimensions de l'appropriation. Il se dégage de cette hypothèse la cinquième qui consiste à dire que l'appropriation est un processus dont l'aboutissement sera la résultante d'une œuvre collégiale et séculaire, ou une œuvre construite par l'ensemble des acteurs sociaux et à travers des forces centripètes (partant de l'extérieur vers la société madarè) et centrifuges (allant de cette société vers la nouvelle ère). Cette œuvre s'édifiera au cours des très nombreuses décennies.

La formulation de l'hypothèse centrale et des cinq hypothèses sous-jacentes que nous venons d'énoncer nous conduit à les fusionner en deux hypothèses dont l'une est opératoire et l'autre théorique. Nous appelons hypothèse de travail ou hypothèse opératoire, celle que nous sommes en mesure d'observer lors des travaux de recherche terrain. Elle est une œuvre provisoire et préliminaire que nous construisons pour effectuer l'observation directe des faits socio-culturels, économiques, politiques.

Nous l'énonçons de la manière suivante : *la société madarè manifeste dans son vécu quotidien des transfor-*

mations socio-culturelles, suite à son entrée dans la nouvelle ère et par la pratique des techniques culturales modernes (riziculture irriguée, rotation des cultures, fertilisation chimique, etc.). Comme nous le constatons, cette hypothèse ne porte que sur l'observation des faits qui n'est pas synonyme d'explication de ceux-ci. Notre recherche serait incomplète si nous nous arrêtions à une simple observation des faits. Nous cherchons surtout à expliquer les faits observés.

Il apparaît donc nécessaire que nous ayons une hypothèse théorique qui n'est autre chose que le schéma directeur de l'explication théorique que nous pouvons faire des faits observés. Nous formulons cette hypothèse théorique de la manière suivante : *la société madarè est entrée dans un processus de transformations qui touchent tous ses paliers en profondeur et tous ses cadres sociaux.* Dans ce processus, la culture madarè et les technologies importées, sont tellement impliquées et imbriquées qu'il n'est plus possible, au terme du processus, de distinguer la culture madarè de ces technologies. L'une et l'autre formeront une synthèse voire une symbiose dans laquelle l'une n'aurait aucune raison d'exister sans l'autre et vice versa.

Cette synthèse représente le développement de type nouveau de la société madarè. Cette hypothèse théorique nous offre les possibilités d'expliquer les dimensions de l'appropriation ou les effets d'entraînement qu'elle induit sur la société madarè.

Ainsi l'hypothèse opératoire nous fournit l'outil d'observation des faits, alors que l'hypothèse théorique nous offre l'instrument d'explication de ces faits. Elles sont donc complémentaires. Après avoir formulé la thématique et la problématique de la recherche, nous avons trouvé indispensable de chercher à justifier son choix.

1.5. MÉTHODE DE LA RECHERCHE

1.5.1. MÉTHODES D'INVESTIGATIONS

1.5.1.1. DOCUMENTATION

L'un des aspects fondamentaux de la recherche scientifique se situe au niveau de la méthodologie de travail qui est la démarche scientifique ou le cheminement intellectuel qu'emploie le chercheur pour réaliser ses travaux. C'est pourquoi nous avons tenu à accorder une place de choix au cadre méthodologique de notre recherche dans lequel nous présentons successivement les investigations, le traitement et l'exploitation ou l'explication des données.

Nous entendons par investigation, la recherche, la collecte des données susceptibles de nous aider à édifier la thèse. A cet effet, nous avons employé un certain nombre de techniques. Nous appelons techniques d'investigations, l'ensemble des procédés que nous avons employés pour collecter les données, lors des travaux de recherche terrain. Il s'agit de la documentation, de l'observation, de la discussion de groupe. Nous avons effectué une documentation écrite qui s'est faite par la compilation des archives publiques et privées, des documents officiels (journaux, rapports techniques, statistiques agricoles, etc.). La compilation de la documentation traitant de la société Bobo et particulièrement de la société madarè nous a permis de la répartir en trois groupes d'écrits.

Le premier groupe concerne les écrits des Européens (*CREMER J. ; LE MOAL G.)* qui ont eu un regard étranger et qui ont, consciemment ou inconsciemment (ceci lié sans doute au contexte de la période coloniale) ; décrit la société Bobo avec beaucoup de circonspection. Ils ont, en effet, fait des monographies descriptives de la société madarè. Elles sont très peu analytiques. Le deuxième groupe d'écrits est fourni essentiellement par *CIRE-BA I.* qui a eu une approche beaucoup plus analytique de la société Bobo, que celle du premier groupe.

Enfin, le troisième groupe d'écrits est constitué essentiellement de ceux de l'élite intellectuelle bobo, madarè. Nous nous sommes intéressé particulièrement à la documentation de l'association "madarinsi", devenue l'association culturelle pour le développement. Cette documentation est très riche et enrichit notre recherche. De toute cette documentation des intellectuels bobo et madarè, il se dégage un goût de l'inachevé, mieux du "caché". Leurs analyses s'arrêtent au seuil du "caché". Cette attitude s'explique par la difficulté que les Madarè éprouveraient dans le dilemme suivant ; comment faire connaître la société madarè sans la vider de ses subtilités, sans la rendre vulgaire ; bref, ils ont le souci de sauvegarder l'essentiel de ce qui n'intéresse que les Madarè.

Cette attitude se justifie quand on sait que toute société, qu'elle soit traditionnelle ou moderne, a ses intimités que la société moderne appelle "Secrets d'Etat" ou "raisons d'Etat". Cela est très important pour les madarè qui ont été trempés à la culture madarè, c'est à dire, qui ont reçu l'éducation typiquement madarè, bref, qui ont subi l'initiation madarè, par laquelle, ils ont appris que la valeur des Madarè réside dans la maîtrise de soi et dans celle de la retenue de la parole. Cette retenue est le devoir du silence qui incombe à tout Madarè.

La documentation portant sur les Bobo et les Madarè, se révèle à l'analyse de son contenu, riche en informations, même si dans la plupart des cas, ces informations sont assez influencées, orientées, voire dictées. Il n'a pas été aisé d'exploiter cette documentation. Nous l'avons complétée par des entretiens que nous avons eus avec des personnes ressources, d'horizons divers (producteurs, responsables coutumiers, religieux, politiques, intellectuels, etc.).

1.5.1.2. ECHANTILLONNAGE

Après la documentation, nous avons cherché à réaliser une série d'enquêtes par sondage qui a consisté à choisir un échantillon de la population madarè auprès duquel les enquêtes ont été réalisées. Avant de déterminer cet échantillon, nous avons analysé les différents types de sondage (par quotas, sondage aléatoire, etc.). La technique du sondage par quotas consiste à déterminer un certain nombre de personnes limité, auprès duquel l'enquête est menée. Le sondage aléatoire se réalise par le choix des enquêtés, sur la base du hasard. Il est employé lorsque l'enquête touche des grands ensembles dont les limites sont peu précises.

Enfin, la technique aréolaire consiste à faire une pré-enquête qui permet au chercheur d'effectuer une présélection de l'échantillon, lorsque l'enquête couvre des espaces très vastes. De ces trois techniques, nous avons privilégié la technique aréolaire qui se prête mieux aux objectifs et aux réalités de notre recherche. En effet, l'espace madarè est très vaste, aux plans géographique et démographique. Géographiquement, le terroir madarè est assez dispersé. De même, sa démographie est assez grande. La population madarè a été estimée (en 1986) à 200.000 âmes (nous y reviendrons dans le cadre géographique de la recherche).

Nous n'avons pas la prétention de couvrir tout le terroir et la population madarè. La modestie de nos moyens ne pouvait nous le permettre ; c'est ainsi que nous avons effectué un choix des villages pour constituer l'échantillon. A ce niveau, nous avons retenu huit villages de 171 que compte le terroir madarè, ce qui représente 4,6 % soit 5 % de l'ensemble des villages madarè. Compte tenu de l'étendue de ce terroir, nous les avons choisis en fonction des zones. Ce terroir peut être réparti en quatre grandes zones : le Centre, l'Ouest, l'Est, le Nord. La zone centrale correspond à la ville de Bobo et à ses périphéries.

Nous l'avons appelée zone centrale, de manière arbitraire. En effet, la situation géographique de la ville de Bobo ne fait pas d'elle le centre. La zone septentrionale représente l'ensemble des villages qui se situent au Nord de Bobo-Dioulasso. Il s'agit des villages de Bama, Kouka, Bala, Satiri, etc. Quant à la zone occidentale (située à l'Ouest de la ville de Bobo), elle est composée des villages de Samagan, Logofourso, Koumi, Dinderesso, etc. La zone Orientale située à l'Est de Bobo, regroupe les villages de Koro, Tondogosso, Léna, etc.

Au plan spatial, nous avons choisi deux villages de chaque zone. Ainsi nous avons retenu Kwa et Dogona de la zone centrale, Koumi et Logofourso de la zone occidentale, Koro et Tondogosso de la zone orientale, Bama et Bala de la zone septentrionale (cf. Figure...).

Outre ce critère géographique, nous avons estimé que le choix des villages devrait être fait en fonction de leur degré d'ouverture. Nous appelons degré d'ouverture, la marge de manœuvre géographique de chaque zone, et son désir d'accession aux technologies agricoles modernes. Partant de ces deux aspects, nous avons réparti le terroir madarè en zones "noyée", fermée, semi-ouverte et ouverte. La zone "noyée" correspond à la banlieue de Bobo. Il s'agit ici, de l'ensemble des villages qui se trouvent dans la ville de Bobo et qui, au cours des temps, ont été phagocytés par cette ville, en les transformant en ses quartiers. C'est le cas de Kwa, de Dogona, Kodéni, etc. Les villages fermés sont ceux de la zone occidentale. Ils ont une marge de manœuvre spatiale très limitée. Il s'agit de Koumi, de Logofourso, etc.

La zone semi-ouverte est celle des villages de l'Est (zone Orientale) qui dispose d'un espace géographique assez suffisant pour la population madarè. Les possibilités pour eux de recevoir les migrants sont assez limitées même si elles existent. La zone septentrionale, quant à elle, peut être considérée comme une zone ouverte, au plan géographique. C'est la zone des migrations du terroir madarè.

Nous avons tenu compte du degré d'ouverture des zones aux technologies. Ne pouvant prendre en compte toutes technologies vulgarisées, nous avons pris l'exemple de la culture attelée qui est l'une des technologies les plus répandues dans le terroir madarè. A titre d'exemple, son taux d'adoption est de 1 % (la zone occidentale) ; 70 % (zone orientale) ; 80 % (zone septentrionale).

Notons, enfin, que nous avons choisi les villages sur la base des critères socio-historiques et socio-culturels. Ainsi, les villages de Koumi et de Logofourso auraient joué un rôle capital dans la vie sociale et politique des madarè notamment de sa frange voré. Koumi est, donc, un substrat social qui peut présenter un intérêt réel pour notre recherche.

Les villages de la zone septentrionale, quant à eux, se présentent sociologiquement, comme des mosaïques d'ethnies du Burkina. Ils sont, à la fois, des foyers incandescents où se consument les conflits ethno-sociologiques et le creuset duquel naîtra la nouvelle société burkinabè, faite de la synthèse des ethnies par les métissages socio-ethniques qui se feront, au cours des âges, et ce, par la force de la cohabitation, de l'interpénétration et des influences socio-culturelles. Le village de Bama constitue, à cet effet, un modèle qui mérite d'être étudié.

En outre, Bama a joué un rôle historique très important dans la lutte des Madarè contre les agressions extérieures. En effet, la bataille de Bama a été le sommet de la résistance épique des Bobo à l'expansionnisme du roi du Kénédougou d'où son intérêt socio-historique. Au plan technique, Bama possède l'une des plus grandes plaines hydro-agricoles aménagées du Burkina. Nous y étudierons des exploitations à vocation essentiellement rizicole et maraîchère. Ce village est l'un des sites qui ont reçu l'action de Matourkou, un encadrement technique intensif. Nous y évaluerons l'impact de ce type d'encadrement. Quant à Bala, il a été choisi à cause de l'adoption de la culture motorisée.

Les villages de la zone orientale font l'objet de nos recherches depuis 1988, c'est à partir de ceux-ci que nous avons élaboré le thème de l'appropriation. Notons que le village de Koro a été le plus grand village pilote de l'action de Matourkou dont nous avons parlé plus haut. Au plan historique, la zone orientale aurait été la souche mère des Madarè. En effet, l'ancêtre bobo venu du Mandé se serait installé dans le village de Timina, situé dans cette zone. Actuellement, il a disparu. Autant dire qu'il n'est pas possible d'étudier les Madarè sans se référer à leur souche, à la zone orientale.

Enfin, les villages de la zone centrale, Dogona, Kwa, constituent, aujourd'hui, les quartiers périphériques de la ville de Bobo. Ces villages sont en train d'être phagocytés par cette ville et risquent de tomber dans l'anonymat de la ville de Bobo-Dioulasso. Ce sont les "villages en ville". Ils ont des spécificités sociologiques et historiques qui méritent d'être étudiées, d'où leur choix. Ainsi, notre échantillon est composé de huit villages qui ont leur unité dans la culture Madarè, mais leurs spécificités selon leurs positions géopolitiques et socio-historiques. Quant à la détermination du nombre des exploitations à enquêter, nous l'avons faite sur la base d'un certain nombre de variables.

L'emploi des variables statistiques est assez controversé en sociologie. Pour les uns, cet emploi n'est pas un instrument d'explication sociologique alors que, pour les autres, il constitue un outil de travail scientifique ; sans nous attarder sur ce débat, nous avons opté, malgré quelques réserves, pour l'emploi de ces variables. Premièrement, nous ne disposons d'aucun autre outil de collecte des données dont nous avons besoin pour faire nos analyses. Deuxièmement, la société qui fait objet de notre recherche est sans archives écrites. Elle ne dispose que des archives orales. C'est une société à oralité.

Dans tous les cas, nous employons ces variables dans l'optique de disposer des ordres de grandeur donc des indicateurs et des indices qui ne sont que des éléments d'appréciation générale. Si ces indicateurs et ces indices peuvent, certes, orienter nos analyses, ils ne constituent pas, pour autant, l'explication sociologique des faits que nous observons. Notre analyse des faits se veut plus qualitative que quantitative. C'est pourquoi nous privilégions, dans une certaine mesure, les variables qualitatives par rapport aux variables quantitatives.

Nous appelons variables qualitatives toutes les données que nous ne pouvons quantifier ni chiffrer. C'est le cas du statut social, des fonctions sociales, des comportements humains et sociaux, des attitudes, des enquêtés. Quant aux variables quantitatives, elles sont des données statistiques chiffrables (les superficies agricoles, les rendements, les revenus, les prix agricoles, etc.). En réalité, nous avons choisi trois groupes de variables pour effectuer l'échantillonnage des enquêtés. Il s'agit du statut social, de l'âge des enquêtés ; du type d'agriculture qu'ils pratiquent.

Sur la base du statut social, nous avons trois groupes d'enquêtés : les princes, les castes, les ordinaires. Les princes sont tous les enquêtés qui relèvent du lignage du fondateur pouvant prétendre, un jour, à assumer les fonctions des hauts dignitaires du village notamment celles de chef de village. Les castes sont les lignages qui assument des fonctions particulières comme celles du forgeron, du griot. Notons que la société étudiée est fortement castée. Les ordinaires sont ceux qui ne sont ni princes ni castes. La variable statut a été choisie parce que sa collecte et son analyse peuvent nous permettre d'établir ou non des corrélations entre le statut social des enquêtés et l'appropriation des technologies par eux.

Le deuxième groupe de variables est l'âge des producteurs ruraux. Par ce groupe, nous cherchons à confirmer ou à infirmer l'hypothèse qui lie l'appropriation des technologies à l'âge des producteurs. Nous avons ainsi retenu trois tranches d'âge représentant chacune une génération (25 ans). Voici ces tranches d'âge 25-49 ans ; 50-74 ans et plus de 74 ans. Le choix de ces tranches d'âge a été fait sur la base des enquêtes antérieures qui attestent que les

Madarè deviennent chefs d'exploitation, pleinement responsables et autonomes, à partir de l'âge moyen de 25 ans. Ce qui n'exclut pas qu'il y ait des chefs d'exploitation dont l'âge peut être en dessous de 25 ans. Ces enquêtes ont aussi révélé que la tranche d'âge de 25-49 ans a le plus grand nombre de producteurs ; qu'il existait très peu de producteurs assumant les fonctions de chefs d'exploitation au-delà de 74 ans ! D'ailleurs, nous confirmerons ou infirmerons ces données.

Le troisième groupe de variables concerne le type d'agriculture pratiquée par les Madarè. Il s'agit de l'agriculture manuelle ou traditionnelle, de la culture attelée et de la culture motorisée. Le choix de ces variables vise à nous fournir les éléments d'appréciation pouvant nous permettre d'établir des corrélations entre l'âge, le statut social et le type d'agriculture.

La collecte et l'analyse de toutes ces variables nous fourniront les matériaux tels que les indicateurs et les indices dont nous avons besoin pour édifier la théorie de l'appropriation des technologies. Ainsi, nous serons à mesure de déterminer les dimensions et les concepts de cette appropriation. Les indicateurs socio-économiques sont entre autres, l'espérance de vie, la mobilité sociale, l'adaptation aux changements sociaux, la solidarité humaine et sociale, l'habitat, les revenus. Il s'agit là des données qui nous offrent la possibilité d'analyser l'appropriation sous l'angle de ses dimensions sociales, économiques, etc.

Or, l'analyse des dimensions de l'appropriation, à elle seule, n'est pas suffisante, si nous voulons appréhender les concepts tels que le mieux-être, la promotion de la société madarè, l'interdépendance et l'interaction des éléments de la trilogie technologies, culture, développement de cette société. Pour ce faire, nous avons choisi des indices dont l'emploi va nous aider à déterminer la qualité de la vie et la qualité du travail agricole, induites par l'appropriation des technologies par la société madarè. Ainsi, nous pourrons montrer que cette appropriation aboutit nécessairement à des transformations non seulement quantitatives, mais surtout qualitatives de la société madarè et de ses exploitations agricoles qui font objet de nos enquêtes au niveau des villages échantillonnés. Nous présentons cet échantillon dans le tableau 1.

Tableau 1 : Caractéristiques de l'échantillon

	25-49 ans	50-74 ans	+ 74	Total
Princes-culture				
Traditionnelle	23	4	1	28
Attelée	9	4	1	12
Motorisée	3	–	–	3
Princes-culture				
Traditionnelle	74	15	4	93
Attelée	48	9	4	61
Motorisée	08	2	–	08
Princes-culture				
Traditionnelle	7	–	–	7
Attelée	3	–	1	4
Motorisée	–	–	–	–
Total	**173**	**32**	**11**	**216**

Source : Enquêtes de terrain, 1998

1.5.1.3. COLLECTE ET TRAITEMENT DES DONNÉES

Dans la plupart des villages, nous convoquions le public cible en réunion, grâce au concours des agents de terrain qui nous ont servi d'auxiliaires d'enquêtes. Nous avons réalisé ces enquêtes à travers des entretiens individuels au cours desquels nous avons rempli le questionnaire. La technique des entretiens nous est apparue adaptée aux usages des villages qui dans leur ensemble sont des villages à l'oralité. Ce questionnaire a été construit sur les axes suivants :

– la nature des technologies agricoles (types)
– le mode d'acquisition de ces technologies
– la maîtrise technique de leur emploi
– l'emploi de ces technologies

– la perception des charges idéologiques de ces technologies par les enquêtés

– le processus d'intégration de ces technologies aux pratiques culturales des enquêtés

– les effets d'entraînement de ces technologies.

Par la nature des technologies, nous avons amené les enquêtés à faire l'inventaire de toutes les technologies agricoles extérieures qui ont été introduites dans leurs exploitations et à les décrire. Au niveau du mode d'acquisition, il s'est agi de faire décrire le circuit de distribution des technologies et le système de leur acquisition.

Ainsi, nous avons cherché à découvrir les conditions d'accessibilité des enquêtés aux technologies agricoles ; ces conditions constituent des étapes clés de l'appropriation de ces technologies. Il en est de même du niveau de maîtrise technique des technologies agricoles, par les enquêtés. Cette maîtrise suppose une connaissance réelle de la nature des technologies d'une part et du mode de leur emploi d'autre part. Cet emploi est l'utilisation rationnelle des technologies par les enquêtés. Il s'est agi de déterminer le degré ou le coefficient d'utilisation des technologies (utilisation totale, partielle, non-utilisation, etc.).

En ce qui concerne la perception des charges idéologiques des technologies, disons qu'elle est le nœud même de la question de l'appropriation. Nous avons cherché à amener les enquêtés à apprécier le contenu réel des technologies importées au-delà de leurs apparences. Nous leur avons fait découvrir le sens profond de ces technologies et les idées qu'elles véhiculent. Il va de soi que cette perception permet aux enquêtés d'apprécier objectivement et/ou subjectivement le processus d'intégration de ces technologies à leur savoir et à leur savoir-faire. Ces enquêtés ont, sans nul doute, un rôle important à jouer dans ce processus en qualité de catalyseurs. Bref, ils sont soit sujets (acteurs) soit objets de ce processus. Enfin, nous avons cherché à amener les enquêtés à identifier et à apprécier, eux-mêmes, les effets d'entraînement qu'induisent les technologies agricoles importées sur eux-mêmes, sur leurs exploitations, sur leurs villages, sur leur société. En somme, le questionnaire couvre tous les domaines de notre recherche.

Nous pouvons dire que l'interview a constitué les techniques d'investigations que nous avons employées pour collecter les données. La première technique (l'interview) nous a permis de nous entretenir avec les producteurs, de manière individuelle, la seconde avec leurs groupements d'où leur complémentarité. Dans les deux cas, nous avons obtenu des données que nous allons traiter maintenant.

Le traitement des données consiste à les dépouiller et à les regrouper (synthèse). Le dépouillement a été manuel. Nous l'avons réalisé sur la base des tableaux que nous avons élaborés, à cet effet.

1.5.2 METHODE D'EXPLICATION SOCIO-ANTHROPOLOGIQUE

L'appropriation des technologies par une société laisse voir en filigrane un mouvement de déstructuration et de restructuration de la société madarè. La méthode qui sied à l'explication de ce mouvement est la méthode hyper-empirico-dialectique ou la dialectique empirico-réaliste de GURVITCH (1977). Sans vouloir faire une description exhaustive de cette méthode, nous avons jugé utile de la présenter dans ses grandes lignes. GURVITCH a mis au point cette méthode pour permettre aux sociologues de s'affranchir d'une certaine interprétation trop étroite du déterminisme naturel des sciences de la nature. Cette étroitesse se situe au niveau de l'impossibilité de faire intervenir la liberté humaine dans le déterminisme.

Cet auteur part du fait que l'expérience est essentiellement humaine et sociale. Elle implique deux composantes l'humain et le social. Il y a, donc, une implication de l'homme dans tout déterminisme et particulièrement dans le déterminisme social. C'est à ce niveau que nous avons une certaine réserve à employer cette méthode. En effet, impliquer de manière absolue, la liberté humaine dans le déterminisme social, c'est orienter, dicter ce déterminisme, c'est faire l'apologie de la liberté humaine sans laquelle aucun déterminisme social n'a ou n'aurait de sens. Il y a le risque de tomber dans une sorte de dogmatisation de la liberté humaine (dogmatisation que cet auteur a combattue sans cesse).

Si la science n'est pas une prise de position préalable, une attitude de préconception, de présomption, alors, affirmer d'office, comme un postulat, que tout déterminisme social n'a de sens que si la liberté humaine y est prise en compte n'est-ce pas établir des préconçus et des préétablis ? Cependant, notre réserve se trouve un peu apaisée lorsque nous nous référons au pluralisme de cette méthode. Il se situe, au niveau des procédés opératoires et des déterminismes partiels.

Parlant du pluralisme des procédés, disons que GURVITCH en a créé cinq à savoir la complémentarité dialectique, l'implication dialectique, l'ambiguïté dialectique, la polarisation dialectique, la réciprocité de perspectives. Au niveau du premier procédé, il existe trois types de complémentarité, la complémentarité des alternatives, celle de la compensation, et celle des choses ayant la même direction ou non.

La complémentarité des alternatives est celle par laquelle les choses qui ont des rapports se cachent l'une, l'autre. C'est le cas du culturel et du social, de l'économique et du politique. La complémentarité de la compensation se caractérise par les rapports par lesquels, une chose ne peut exister que si elle a une autre qui la compense, ou la complète. C'est le cas des rapports qui existent entre l'organisé et le spontané, des symboles et des symbolisés, etc. La complémentarité des choses ayant tantôt la même direction, tantôt une direction inverse est le cas des rapports qui existent entre Moi, Autrui, Nous.

Dans ce cas d'exemple, le Moi, l'Autrui et le Nous peuvent aller dans le même sens (harmonie sociale, intégration sociale, consensus social), comme ils peuvent aller en sens totalement opposé (conflit social). L'implication dialectique mutuelle est un procédé qui consiste à retrouver dans les éléments apparemment contraires des secteurs qui se recoupent et s'interpénètrent à un certain degré.

Pour GURVITCH, il est, par exemple, impossible de préciser le rapport entre la vie psychique et la vie sociale sans recourir à l'éclairage dialectique de l'implication mutuelle. Il y a, dit-il, du psychique dans le social. Le psychique qui se traduit par l'inattendu, le fluctuant, l'instantané, l'imprévisible. Il ne relève pas seulement de l'état interne d'une conscience individuelle repliée sur elle-même, il relève, selon Georges *Gurvitch* du "Mien, du "Tien", du "Nous", bref, du social ou de la conscience collective. Il existe des psychismes individuel, interpersonnel ou au sein d'un groupe et collectif. Il y a donc une implication dialectique mutuelle entre le psychique et le social.

Le concept de l'ambiguïté dialectique est né du constat de Freud qui a consisté à dire que "tout ce qui relève de la réalité humaine porte le sceau de l'ambiguïté". *Georges Gurvitch* soutient que "les totalités humaines qui sont en marche dans leurs mouvements soit de totalisation, soit de détotalisation impliquent une large part d'ambiguïté". Ainsi, il considère la réalité sociale comme le domaine privilégié de l'ambiguïté, voire de l'ambivalence.

En effet, l'étude des rapports sociaux qui existent au niveau d'un groupe social indique qu'ils peuvent devenir très étroits permettant au groupe de devenir une communauté, comme ils peuvent se dilater de manière à disloquer ce groupe. L'ambiguïté dialectique présente la réalité sociale comme une totalité ayant plusieurs têtes à partir de ses propres contradictions. En effet, une chose est ambiguë lorsqu'elle a plusieurs sens ou directions.

La polarisation dialectique est le procédé qui part du principe que, dans la réalité humaine et spécialement dans la réalité sociale, on ne rencontre et on ne peut rencontrer d'éléments contradictoires ou antinomiques qui le resteraient dans toutes les circonstances et dans tous les lieux. Ce qui revient à dire que les contraires absolus n'existent pas, mieux, ils peuvent entrer en complémentarité.

C'est le cas des classes sociales et socio-professionnelles qui peuvent être amenées à s'exclure (cas de la lutte de classes, chez *Marx*). Elles peuvent aussi se faire des concessions à travers des négociations sociales. C'est le cas des antagonismes entre le Moi, l'Autrui et le Nous.

La mise en réciprocité de perspectives consiste à faire ressortir, dans les éléments qui n'admettent ni identification, ni séparation leur immanence réciproque laquelle devient si intense qu'elle conduit à un parallélisme ou à une symétrie plus ou moins rigoureuse entre leurs manifestations. Ainsi, l'individuel et le social manifestent une tendance vers la réciprocité de perspectives, au niveau du Nous ; il peut avoir une pression exercée par la masse sur la communauté ou par celle-ci sur la communion au niveau des groupes (luttes intra et inter groupales).

L'examen des procédés dialectiques de GURVITCH indique que nous allons les employer parce que nous voulons faire une analyse en profondeur des rapports qui existent entre les technologies, la culture et le développement et, ce, dans le cadre de la société madarè. Quant au pluralisme des déterminismes sociaux, disons qu'il y a autant de déterminismes sociaux que des faits sociaux. Il soutient que chaque palier en profondeur de la réalité sociale, chaque temps social, chaque type de connaissance, chaque cadre social a son déterminisme.

Nous avons choisi la méthode de GURVITCH (1977), pour son relativisme, sa variabilité, et sa pluralité qui nous permettent de faire une analyse objective de du développement durable des communes de Bobo-Dioulasso et de Bama.

Outre cette méthode, il nous a apparu utile de recourir aux méthodes structuraliste, fonctionnaliste et comparative. La méthode structuraliste permet de décrire les structures sociales, politiques et économiques de ces deux communes. De même, la méthode fonctionnaliste permet d'analyser les liens organiques qui existent ou qui peuvent exister entre ces structures.

La méthode historique est essentiellement bâtie sur l'analyse des faits dans le temps. Elle consiste à les placer dans leur dimension historique, car, il n'est pas possible d'analyser un fait social sans le replacer au moment où il peut trouver son sens. L'emploi de la méthode historique nous amène, nécessairement, à faire une analyse des faits par rapprochement, c'est-à-dire par comparaison. Autant dire qu'elle ne saurait être employée dans la présente thèse sans la méthode comparative.

En effet, nous ne saurions expliquer les attitudes et les comportements de la société madarè actuelle sans les situer dans son passé. Même, si cela était possible, nous ne serions pas à mesure de dire si oui ou non il y a eu des changements sociaux, économiques, politiques et culturels dans cette société. Les méthodes historique et comparative font de pair.

En réalité, nous ne pouvons faire une sociologie en profondeur du développement durable par l'emploi d'une seule méthode d'explication sociologique. Nous avons opté pour l'interdisciplinarité des méthodes ou pour un pluralisme méthodologique. Ce pluralisme n'est rien d'autre que l'emploi de plusieurs méthodes dans l'explication sociologique de l'appropriation. Ce qui justifie l'emploi des méthodes hyper-empirico-dialectique, historique, comparatif, etc. D'ailleurs, l'explication du développement durable, en tant que phénomène social total, en tant que totalité et s'inscrivant, par conséquent dans l'approche holistique ne peut être faite que par un pluralisme méthodologique.

CHAPITRE II

Société madarè

Dans ce chapitre, nous présentons successivement la société madarè et les villages qui ont servi des sites de la recherche.

2.1. SOCIÉTÉ MADARÈ

2.1.1. MILIEU PHYSIQUE

Territorialement, la société madarè occupe la partie ouest et nord-ouest du Burkina. Elle est limitée au nord par les Mandé du Mali, à l'est et au Nord-est par les Bwaba au sud par les Tiéfo, les Dioula, les Vigué, à l'ouest par les Sénoufo, les Sembla, les Bolon. Géographiquement, le terroir madarè se présente sous la forme d'un grand rectangle ayant une longueur de 200 km (le sens nord-sud) et une largeur variant de 50 à 80 km. Sa superficie serait alors de 10 000 km² à 16 000 km². Cette configuration géométrique le présente sous la forme d'une paramécie en phase de division (cf. carte 3).

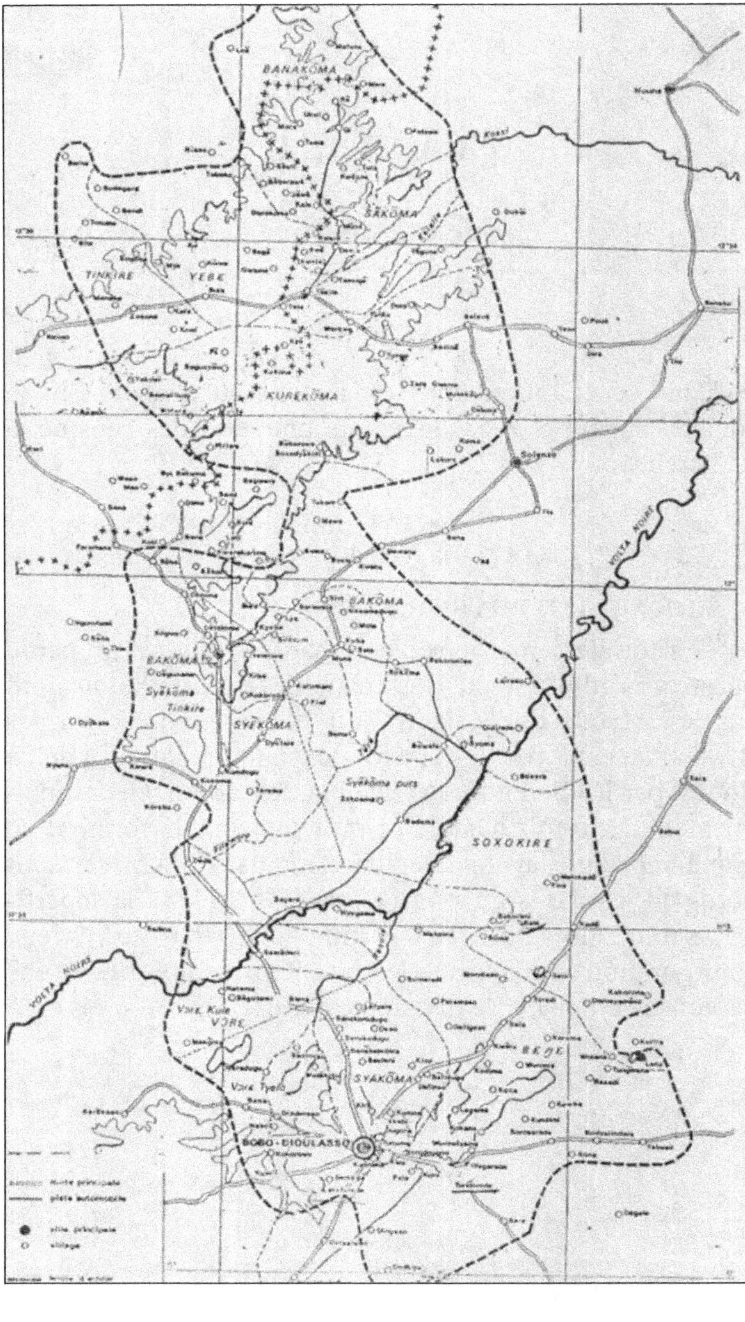
BANAKOMA
SAKOMA
TINKIRE
YEBE
KUREKOMA
Solenzo
VOLTA NOIRE
BAKOMA
BAKOMA
Syekoma
Tinkire
SYEKOMA
SOXOKIRE
VOLTA NOIRE
VORE
SYAKOMA
BOBO-DIOULASSO
route principale
piste automobile
ville principale
village

Au niveau agricole, le terroir madarè est composé de terres assez fertiles. Ils sont peu profonds, assez fragiles, soumis, de manière permanente, à l'érosion. Son climat, comme celui de l'ensemble du Burkina, est de type soudano-sahélien. Il est marqué par des températures moyennes variant de 20 à 30□C et par deux saisons dont l'une est sèche, la plus longue, allant d'octobre à mai et l'autre pluviale, la plus courte, allant de mai à octobre. Concernant la pluviosité, il se situe dans les zones les plus favorisées et les plus arrosées (pluvieuses) du pays. Sa pluviométrie est l'une des plus élevées du pays, même si, au cours de ces trois dernières décennies, elle s'est révélée assez irrégulière, de manière spatio-temporelle.

Pour attester ce que nous disons, nous avons emprunté le relevé pluviométrique du poste de Bobo à Sivakumar M.V.K et Gnoumou F. Ces deux auteurs ont établi la moyenne de la pluviométrie allant de 1920 à 1984 soit une période de soixante-quatre (64) années. Cette moyenne est de 1111 mm. Ils ont ensuite subdivisé cette période en deux sous-périodes. La première sous-période va de 1920 à 1954 (soit 34 années) et la seconde de 1954 à 1984 soit 30 ans.

À sa suite TOE, Charlène (2013) a établi, grâce aux données fournies par le service météorologique de Bobo-Dioulasso, les variations des quantités de pluies tombées au cours des trente dernières années. La normale c'est la moyenne calculée sur les trente années est de 996,15 mm.

Outre, la pluviométrie, il existe aussi d'énormes potentialités agraires. Le terroir madarè possède des sols de grande qualité même s'ils se dégradent, de jour en jour. Ils sont, dans leur ensemble, fertiles et les plus fertiles du pays. Ils se répartissent en six types principaux à savoir :

– les sols lourds ayant une fertilité avoisinant le taux de 25 %. ce type comporte les sols bruns et les vertisols.

– les sols profonds dont le taux de fertilité est estimé à 20 % ;

– les sols inondés ou inondables ayant un taux de fertilité de 10 %, ils servent aux cultures irriguées, avec maîtrise partielle ou totale de l'eau ;

– les sols sableux provenant des érosions éolienne et hydrique. Ils ont un taux de fertilité de 20 % ;

– les sols à faible valeur ou à valeur nulle, au plan agricole, leur fertilité étant inférieure à 10 % ;

– les sols ayant 15 % de fertilité.

Au plan de la végétation (liée elle-même aux sols et aux précipitations), le terroir madarè se situe dans la zone dite pré-guinéenne dont la principale caractéristique est la constitution d'un certain nombre de forêts (Dinderesso, Maro, etc.). La végétation de cette zone est l'une des plus abondantes et des plus riches du Burkina. Situé aussi en partie dans la zone soudanienne, il est parsemé de savane arborée.

Au niveau hydrographique, il est arrosé par de nombreux cours d'eau dont les plus importants sont :

– le Mouhoun (ou ex-volta noire) qui se situe au nord-est de la ville de Bobo, coulant du sud vers l'ouest. Il est connu sous le nom de "Kousa" ;

– le Kou qui traverse Koumi, Nasso, Dinderesso ;

– le Kui ou la guinguette qui se situe à Nasso ;

– le Houet arrosant la ville de Bobo.

Le milieu physique du terroir madarè fait de lui une zone qui est dotée de grandes potentialités agricoles. Il constitue par conséquent, une zone favorable à l'appropriation des technologies agricoles modernes. Ce qui explique l'essor que ces technologies connaissent dans la zone. Nous pouvons citer, entre autres, les cultures attelée et motorisée, la culture cotonnière, etc. En somme, le milieu physique de ce terroir peut rendre possible l'appropriation des technologies. En est-il de même au niveau du milieu humain ? Nous y répondrons en le découvrant aux plans historique, démographique, administratif.

2.1.2. MILIEU HUMAIN

La connaissance d'une société passe nécessairement par celle de son histoire. N'étant pas historien, nous avons, tout de même, essayé de faire un aperçu historique de la société madarè à partir des données existantes et de nos enquêtes. D'ores et déjà, disons que l'histoire des madarè n'est pas encore connue de manière exhaustive. Certes, beaucoup d'historiens, Ki-Zerbo J., Kambou J., Sanou D. B., et beaucoup d'ethnologues Le Moal G, Cremer J, Ciré Ba I, Delafosse M. parlent de l'histoire de ce peuple. Ils le font de manière fragmentaire. Il n'existe, actuellement, aucune étude exhaustive de l'histoire des Madarè et même si elle existait, il y aurait lieu de la réécrire ou tout au moins de la relire.

Ainsi, nous nous pencherons sur les aspects historiques dont nous avons besoin pour édifier notre thèse. Avant de les décrire, il convient de noter que nous avons tenté de faire, dans le mémoire de DEA, l'esquisse historique des Madarè. Nous y revenons parce que nous estimons qu'il est indispensable de la connaître, car sans elle, aucune analyse socio-culturelle de cette société n'est possible. De même, il est pratiquement impossible d'étudier notre thématique, de manière approfondie, sans la dimension historique des Madarè. Dans ce mémoire, nous n'avons cité que quelques auteurs tels que Ciré Ba I, Le Moal. G. Person Y. Nous pouvons élargir le champ des références en citant Ki Zerbo J, Bauman H. et Westermann D., Kambou J., Sanou D. B.

Pour Ciré Ba I., l'histoire du peuplement du terroir Madarè s'est faite en deux grandes étapes. Au niveau de la première étape, l'ancêtre Bobo (Molo) et sa femme (Wédalo) seraient arrivés du Mandé au Xè siècle. Il se serait installé à Timina qu'il créa. Il aurait été rejoint par son frère et/ou son cousin venant du Mandé aussi. Ciré Ba I le différencie du Bobo par l'appellation Zara. Cette différence est bâtie sur la fonction de deux. Ainsi le Zara serait un voyageur, autrement dit, un commerçant. Il l'appelle aussi Bobo-dioula, le Molo-bobo serait un cultivateur. Enfin, leur différence pourrait être située au niveau des religions. Le Bobo pratiquerait la religion du Do (traditionnelle) alors que le Zara se serait converti à l'islam. Ainsi le Zara est un Bobo islamisé et commerçant.

Pour Le Moal G[1], le peuplement du terroir Madarè remonterait au XIVè siècle. Il serait la résultante de l'effondrement de l'empire Songhaï qui aurait contraint les populations Soninké à se déplacer vers le nord-ouest où, elles fondèrent Djenné. Elles seraient descendues vers le Ghana et vers Kong (RCI) au XVe siècle. Cette ville aurait été détruite par Samori Touré en 1895. Les Dioula de Kong la quittèrent pour s'installer près de Bobo-Dioulasso, fondant Darsalami. C'est ainsi que les Dioula (Soninké) du Mali et les Dioula de Kong sont venus s'installer dans le terroir madarè.

Le Moal soutient que les Dioula venus de Djénné (Mali) et "installés à Sya (Bobo-Dioulasso) se fusionnèrent avec les autochtones, Bobo, donnant un premier mélange "Bobo-Dioula". Parlant des Dioula de Kong, il affirme que "Sya" était déjà sous la dépendance de Kong. Car le pays bobo avait été conquis par Famakan Ouattara, fils de Sékou Ouattara, fondateur de la dynastie de Kong. Ce dernier aurait pour lieutenant Molo Sanou, auquel il attribua la chefferie des Bobo. Molo Sanou, le fondateur de Bobo-Dioulasso, n'aurait pas accepté être le vassal des souverains de Kong. Il entreprit une guerre de libération contre les Dioula de Kong et l'emporta sous le règne de son fils Moriba Sanou dit Samoraba.

Ainsi, les Bobo seraient restés indépendants de kong qui aurait envoyé la fille de Badiori Ouattara, Guimbi Ouattara, comme son ambassadrice auprès des Bobo. Le Moal G l'atteste "Guimbi était la représentante du pouvoir Dioula auprès du chef Bobo-Dioula. Pour lui, "les Bobo-

---

[1] Le Moal G. 1960 Note sur les populations "Bobo" Extrait du bulletin "IFAN" Tome XIX série B N°3-4 pages 418-430.

Dioula sont des Dialonké envahisseurs" qui, à l'origine, seraient une poignée d'émigrants mandé, venus trouver le Bobo fing à Sya, qu'ils auraient soumis à leur pouvoir. Il dit notamment que "sous la pression des vainqueurs (Bobo-dioula), les Bobo-fing durent abandonner leurs noms de famille pour adopter tous, les noms de leurs chefs "Sanou". Cependant, il n'est pas très affirmatif sur la nature des rapports existant entre les Bobo-dioula et les Bobo-fing. Car dit-il" rien, absolument rien ne distingue les villages bobo-dioula des villages bobo-fing ; les Bobo dioula n'ont aucun souvenir d'un temps où ils auraient été chefs des "Bobo-fing". "Il conclut "quant aux Bobo-dioula, ils ne semblent pas devoir être considérés comme un groupe ethnique".

Dans tous les cas, la contribution de Le Moal G révèle deux faits historiques importants du peuplement du terroir madarè. Premièrement, les Bobo-fing et les Bobo-dioula sont tous venus du Mandé (République du Mali). Leur arrivée sur le terroir madarè s'est faite à des époques différentes. Deuxièmement, ils seraient tous deux de la même souche familiale. Leur différence notable se situerait au niveau des pratiques religieuses. Les Bobo-dioula sont islamisés, alors que les Bobo-fing sont traditionalistes, ou "fétichistes". De même, les Bobo-dioula sont commerçants alors que les Bobo-fing sont cultivateurs. Autant dire que le Moal G et Ciré Ba I. parlent le même langage à ce niveau.

Pearson. Y., quant à lui, soutient que les Bobo se seraient installés au Burkina au XVè siècle. Bauman H et Westermann D[2], pour leur part, affirment que "les Bobo sont probablement la population la plus archaïque de toutes celles de la volta noire et Bobo-Dioulasso. Dès l'an 800 environ, il y avait des Bobo à Djenné".

---

[2] Bauman H et Westermann D 1970 : Les peuples et lescivilisations de l'Afrique Payot Paris Page 406.

Ces deux auteurs, en parlant de la "population la plus archaïque de toutes celles de la volta", laissent entrevoir que l'histoire du peuplement du terroir madarè par les Bobo, remonterait à une époque très ancienne. Les Bobo seraient, alors, parmi les premiers habitants à peupler la volta. Même s'ils ne situent pas la période exacte de ce peuplement, ils décrivent avec exactitude la zone d'occupation de Bobo "depuis Djénné au nord jusqu'à la volta noire et Bobo-Dioulasso". De même, ils donnent la certitude que les Bobo viennent du Mali (Mandé) précisément de la région de Djenné. Notons toutefois qu'ils ont présenté les Bobo dans leur entité sans faire la typologie madarè, bwa.

Quant à l'historien KI-ZERBO Joseph, déjà cité plusieurs fois, il parle du peuplement du terroir madarè sans avoir situé exactement la période de ce peuplement. Il est affirmatif sur la provenance des Madarè notamment sa frange Zara qui serait venue de Djenné. De même, il signale l'arrivée des Dioula de Kong sur le terroir madarè en parlant de OUATTARA Famaghan qui aurait conduit les Dioula de Kong à Bobo. En effet, il affirme que ce dernier s'est allié à Bobo, les Bobo-dioula. Il dit notamment : "A Bobo, il soumet et s'allie, en la personne de Molo Sanou, les Bobo-dioula qui étaient venus de Djenné, après les Bobo-fing vers le XVè siècle".

L'analyse des données historiques disponibles révèle une certitude qui fait l'unanimité des auteurs cités en références. Les Madarè (Bobo-fing et Zara) viennent tous du Mandé. Dans tous les cas, l'histoire des Madarè n'est pas très connue. Il en est de même de leur démographie. L'un des aspects les plus difficiles à étudier est la démographie des Madarè. En effet, il n'existe, actuellement, aucune donnée démographique fiable sur eux. Notons toutefois que SANOU A.T. soutient que la population madarè était de 200 000 âmes en 1986. En réactualisant ces données sur la base de 4 % d'accroissement annuel, nous obtenons une population de 250 000 âmes. Au plan démographique, nous avons deux certitudes. Le première fait des Madarè une population sédentaire connaissant très peu d'émigration. La deuxième fait du terroir madarè une zone de prédilection des mouvements migratoires des populations burkinabé et d'immigration des populations non burkinabé (maliennes, ghanéennes, sénégalaises, etc.).

Les migrations des populations burkinabées (Peulh, Dagara, Sénoufo, Moosé) se sont effectuées au fil de l'histoire du Burkina, faisant du terroir madarè une mosaïque de groupes socio-linguistiques et socio-ethniques. C'est le cas du village de Sya, devenu ville de Bobo-Dioulasso. Il a acquis un caractère cosmopolite.

Administrativement, le terroir madarè compte dix départements qui sont à cheval sur les provinces du Houet dont le siège est Bobo-Dioulasso et de la Kossi ayant pour siège Nouna. Les départements du Houet sont : Bobo-Dioulasso, Léna, Padéma ou Badéma, Bama, Fo alors que ceux de la Kossi sont Tansila, Balavé, Sami, Kouka. Au niveau de l'occupation humaine, les villages madarè sont groupés, ce qui est une des caractéristiques socio-culturelles des Madarè que nous allons décrire à travers le milieu socio-culturel.

2.1.3. MILIEU SOCIO-CULTUREL

Au plan socio-linguistique, le terroir madarè est réparti en trois, voire quatre zones selon les auteurs Ciré-Ba I, Le Moal G., Sanou A.T. Pour Ciré-Ba I, les Bobo-fing se subdivisent en "trois clans ou grandes familles : les Binguins, les Dossama ou voré, les Zaras. Les Binguins seraient les ancêtres des Bobo oulé ou sogo-kiré ou hommes confiés à Sogo (le dieu de la brousse). Les Dossama ou vori représentent le clan des aînés ceux qui se réclament vrais Bobo. Le terme voré, en Bobo, se traduit par aîné, alors que dossama est la semence du Do. Ils sont, généralement, les chefs du Do. Les Zara sont des Bobo islamisés.

Le Moal G. a essayé d'établir une carte des zones socio-linguistiques des Madarè (cf. carte N°3, page 447). L'examen de cette carte fait ressortir quelques observations. Ainsi, les Madarè se répartissent en "Sya kôma" ; "Ba kôma" ; "kure kôma" ; Sakôma" ; "Bana kôma" Syekôma plus les zones des voré et des Binguin, cf. carte 7.

Quant à Sanou A.T., il a regroupé les dialectes madarè en quatre. Pour lui, la "population se reconnaissant madarè (Pindarè, Yogodarè, Mu-déré) se repartit en quatre grandes zones socio-linguistiques. Il s'agit du "Sya da", du "vori da", du Bengen da", du "Bobo Wilé da". Le "Sya da" est la zone de Sya ou de Bobo-Dioulasso. Le "vori da" est le dialecte des vori ou des aînés regroupant les villages installés le long du Kou. Le "Bengen da » est le dialecte de la zone orientale. Enfin, le "Bobo Wilé da" est le dialecte de l'ensemble des villages qui se situent au-dessus de la volta noire ou du Mouhoun et les Madarè de la province de la Kossi.

De la compilation des données socio-linguistiques de ces trois auteurs, nous retiendrons que la culture madarè tire son fondement philosophique des pratiques socio-linguistiques et socio-religieuses. En effet, la philosophie madarè est contenue dans le vocable "Ma-da-rè" qui est la langue de l'ensemble des Madarè regroupant dans la même entité socio-lingustique, les Bobo-fing et les Bobo-dioula ou les Zara.

Le terme madarè qui serait en réalité ma-da-rè signifie "je dis que". Le ma-da-rè serait alors le moyen par lequel le Bobo s'exprime et cherche à se faire comprendre par les autres. Il serait aussi l'un des éléments du processus de socialisation des enfants madarè et d'identification des Madarè adultes. Ces derniers ont appris le fondement socio-culturel de la "parole" qui crée et transmet des messages aux hommes. D'ailleurs, le Madarè ne serait considéré devenu homme que lorsqu'il aura subi l'initiation qui marque la fin du processus de socialisation des enfants. Les rites initiatiques permettent aux madarè d'appréhender la dimension sociale, culturelle de la parole du ma-da-rè.

Ainsi, l'une des valeurs fondamentale du madarè est la discrétion. Car la parole aurait un fondement religieux. Elle proviendrait du Do et serait transmise du Do aux Madarè par les ancêtres morts et les anciens. La parole serait alors sacrée pour eux. Ils doivent apprendre à l'utiliser, de manière judicieuse, s'ils ne veulent pas encourir le risque de se la faire retirer par les anciens, les ancêtres, le Do. La parole représente ainsi toute la réalité socio-culturelle donc socio-éducationnelle et socio-religieuse des Madarè qui apprennent à connaître les secrets de celle-ci par l'initiation. Ils considèrent la parole comme étant le don le plus précieux du Do, venant de son intimité. Il en résulte que leur vie sera emprunte de cette intimité de la parole qui les lie, d'une part au Do, d'autre part, à leurs ancêtres et à leurs anciens. Le concept du madarè, du "je dis que" est la parole. C'est ainsi que la parole est, non seulement, un moyen de communications sociales, mais surtout, un moyen de communion entre les Madarè eux-mêmes et entre les ancêtres, le Do et eux.

En somme, le Madarè se reconnaîtra par l'habileté avec laquelle il emploiera la parole. Ce qui fait de lui un homme discret, voire effacé dans tout autre milieu. Il n'est pas exagéré de dire que le Madarè véritable est non seulement le "Bobo son », mais surtout le "son Bobo" c'est-à-dire "le Bobo homme" et le "Bobo muet". En clair, le Bobo ne sera considéré véritablement Madarè que lorsqu'il sera initié aux lois du silence, mieux, lorsqu'il saura utiliser la parole là où il faut, et quand il le faut, et ce, avec l'autorisation du Do, de ses ancêtres et de ses anciens ou aînés. D'ailleurs, la parole suit un circuit théocratique et gérontocratique. Le Do autorise les ancêtres à parler, qui à leur tour autorisent les anciens à parler, qui à leur tour autorisent les initiés à parler. Dans tous les cas, les non-initiés n'ont pas droit à la parole, n'ayant pas l'âge de parler.

La parole prend la forme d'une double voie descendante et ascendante. Elle est gérontocratiquement et divinement hiérarchisée. La voie descendante allant du Do aux initiés se fait sous la forme autoritaire. Le Do parle aux ancêtres qui parlent aux anciens qui parlent aux initiés. C'est le mot d'ordre venant du Do. La voie ascendante allant des initiés au Do se fait sous forme d'autorisation formulée par les initiés aux anciens même s'ils ont les mêmes droits et les mêmes devoirs. La différence qui existe entre ces deux classes est l'âge qui est symbole d'expériences et de rapprochement des ancêtres.

Par contre, les anciens ne sont autorisés à parler aux ancêtres qu'à travers des rites qui peuvent souvent prendre des formes expiatoires au cas où les ancêtres seraient mécontents des comportements indélicats des anciens à leur égard. Les ancêtres qui sont proches du Do et qui vivent avec lui sont obligés de transmettre la demande des anciens au Do lorsqu'elle leur est adressée en bonne et due forme. Le ma-da-rè, ou la parole revêt un caractère mystique qui ne peut être appréhendé et maîtrisé par les Madarè qu'à travers un très long processus de socialisation. Ce qui rend, pratiquement, la société madarè inaccessible aux non Madarè surtout au niveau du "Luo" ou le langage des initiés.

La parole est donc le fondement de l'existence des Madarè. Elle peut prendre des formes d'expression très variées. Dans tous les cas, elle est chargée des valeurs ancestrales donc des valeurs idéologiques madarè. Elle prend la forme proverbiale devenant ainsi un facteur d'inculturation des jeunes et l'expression de la richesse de la sagesse madarè. Le madarè ou le "je dis que" transcende toute prise de position, pour prendre corps avec les réalités socio-culturelles du monde. Elle cesse d'être une simple parole ou d'être des formes proverbiales pour devenir le vécu quotidien des Madarè, mieux pour constituer le fondement matériel de leur organisation socio-culturelle.

Au niveau de l'organisation socio-politique, la société madarè est extrêmement structurée, au plan socio-politique, même si beaucoup d'auteurs l'ont considérée comme une société acéphale. Si nous partons du fait qu'une société est politiquement structurée autour d'une charpente ayant au sommet un chapeau (un chef suprême) il est clair que la société madarè peut être considérée comme acéphale. Par contre, si nous partons du principe que toute société ayant une structure socio-politique même si elle est très lâche (plastique) au niveau du village, la société madarè est une société à chefferie plutôt, elle a une structuration socio-politique très forte.

D'ailleurs, tous les chercheurs ayant étudié cette société sont unanimes sur une chose "la structuration de cette société a un fondement social de type communautaire et villageois". Elle est communautaire parce que seule la communauté est souveraine. Aucun des organes administratifs qu'elle met en place n'est doté de pouvoir. Elle est de type villageois parce qu'il n'y a aucune structure socio-politique au-dessus du village. Chaque village madarè est souverain. Il existe toutefois des relations de collaboration entre les villages ce qui n'est pas synonyme d'allégeance politique.

Enfin, la structuration socio-politique de la société madarè est beaucoup plus sociale que politique. Elle est de type gérontocratique, parce qu'elle est bâtie sur la classe des initiés notamment celle des aînés.

L'organisation socio-politique des Madarè fait de cette société fortement hiérarchisée. Elle l'est davantage au niveau de la stratification socioprofessionnelle, voire socioreligieuse, qui repartit les Madarè en Bobo, en griots, en forgerons. Les deux derniers groupes constituent les castes. Dans tous les cas, la société madarè est hiérarchisée et stratifiée pour constituer une structure socio-politique forte de type communautaire et familial. Cette structuration et cette stratification socio-politiques lui confèrent un ensemble de mécanismes sociaux, politiques, religieux, culturels qui lui permettent de réguler la vie socio-politique. Elles sont constituées par une sorte de collège des aînés qui est presque le même dans l'ensemble des villages. Elles vont de la cellule familiale à l'échelle villageoise.

De même, elles sont essentiellement bâties sur la famille qui est, généralement, placée sous la direction de l'aîné de la famille appelé le "songbelalo". Il assure les fonctions de prêtre (célébrant les cultes familiaux), de gestionnaire des biens matériels (terres, productions, etc.) ; de conseiller de la famille et de magistrat réglant les litiges intrafamiliaux. La famille madarè est de type composé même si la tendance actuelle est à segmentation lignagère. Elle regroupe le père "be tong", la mère (Syé), leurs enfants, leurs proches parents (frères, sœurs, etc.).

Le système de parenté est de type mixte étant, à la fois, patrilinéaire et matrilinéaire. Selon Ciré-Ba I[3], la famille bobo est quelquefois mélangée de deux types : la descendance utérine et la descendance masculine". Il justifie l'existence de ce système de parenté par les faits suivants : "Quand le père meurt, ses enfants héritent des biens immeubles, des gris-gris, des dieux, des fétiches, les neveux héritent des animaux et des richesses en espèce". Chez les Bobo, les véritables richesses de la famille sont la maison, les champs, les dieux et les fétiches. Dans la structure familiale, les enfants représentent 40 %, les hommes et les femmes 27 %, les personnes très âgées (hommes et femmes) 6 %. Les familles sont, dans leur ensemble, très jeunes. Dans les villages, la famille constitue la base fondamentale de l'organisation socio-politique qui est presque la même au niveau de ces villages.

Cette organisation est bâtie autour de trois principaux niveaux (social, technique et économique). La stratification sociale comporte trois classes : les initiés, les non-

[3] Ciré Ba I. 1954 Les Bobo : la famille, les Coutumes Extrait de l'Education africaines n°23-42 : année Nouvelle. P.7.

initiés et les femmes. La première classe est constituée de l'ensemble des initiés ou des hommes ayant été jugés aptes à jouir de leurs droits de citoyenneté, mais soumis aussi à leurs devoirs de citoyen. Les initiés sont les hommes qui ont atteint non seulement l'âge de la majorité, mais qui assument des fonctions sociales, économiques et politiques. Les initiés occupent le premier rang de la société madarè qui compte deux autres couches sociales : les non-initiés, les femmes.

Les non-initiés regroupent toutes les générations des jeunes qui n'ont pas encore subi les rites initiatiques. Ce sont les citoyens mineurs de la collectivité madarè. Ils n'ont pas encore acquis le droit de citoyenneté. Ils peuvent, cependant, être associés à la gestion des affaires de la cité lorsque les initiés leur confient des tâches précises. Ils n'ont pas le droit de participer pleinement à la vie publique (sortie des masques, et autres pratiques du Do). D'ailleurs, ils ont le devoir de se cacher lors des passages des masques. Enfin, nous avons la couche sociale des femmes.

Cette couche est assez spéciale. Elle ne peut être classée dans la stratification sociale. De nos enquêtes, il ressort que les femmes forment une société à part, comme si elles n'étaient pas des Madarè, à part entière, et comme si elles n'avaient pas de droit de citoyenneté dans leur société. En effet, partant du principe que ce droit n'est conféré qu'aux initiés et partant du fait que les femmes ne sont pas initiées, elles ne peuvent, par conséquent être des citoyennes, même si elles jouent un rôle capital dans la vie de la communauté.

Elles occupent une place prépondérante dans le système de parenté. Ciré BA I. nous apprend que la femme de l'ancêtre Bobo "Wedalo" a joué un rôle capital dans son installation à Timina. Il démontre que le nom de la femme est associé à la plupart des rites. Il y a là, donc, un paradoxe sur la situation de la femme madarè dans sa communauté. Elle joue un rôle important dans la vie socioreligieuse, mais elle n'est pas considérée comme une citoyenne, à part entière.

Quelques anciens, interrogés à ce sujet, sont restés perplexes sur la question. Pour eux, ce fait qui, en apparence, est curieux ne l'est pas. Ils soutiennent que la femme n'appartient, en réalité, à aucune société. Car, aucune société ne peut se réclamer le droit de la considérer comme étant exclusivement sienne. C'est pourquoi, disent-ils, nous ne pouvons les considérer comme des citoyennes madarè. Si, par exemple, elles étaient éduquées uniquement selon les coutumes typiquement madarè (par les rites initiatiques), nous les condamnerons à rester Madarè, toute leur vie. Elles n'auraient aucune possibilité d'épouser des non Madarè. C'est pourquoi nous les considérons comme une couche sociale à part. A tout moment, les filles madarè sont autorisées à quitter leur société pour d'autres sociétés. Que feraient-elles si, par leur éducation, elles apprenaient les secrets de la société madarè ? C'est pourquoi elles ne subissent pas tout le processus des initiations.

C'est cet ensemble des couches sociales et socio-professionnelles qui constitue la base fondamentale de la stratification socio-politique des Madarè. est bâtie sur les familles, les lignages, les clans. La famille est l'organisation de base des madarè. Elle se présente sous la forme de foyer qui est l'ensemble des personnes ayant le même grand-père. Lorsque plusieurs foyers sont issus du même ancêtre, ils forment le lignage.

Chef de terre "Sagaka-Vo"
Chef du Do "Do-vo"
Aîné du village
Chef administratif du village
Chef de la jeunesse "Yelevo"

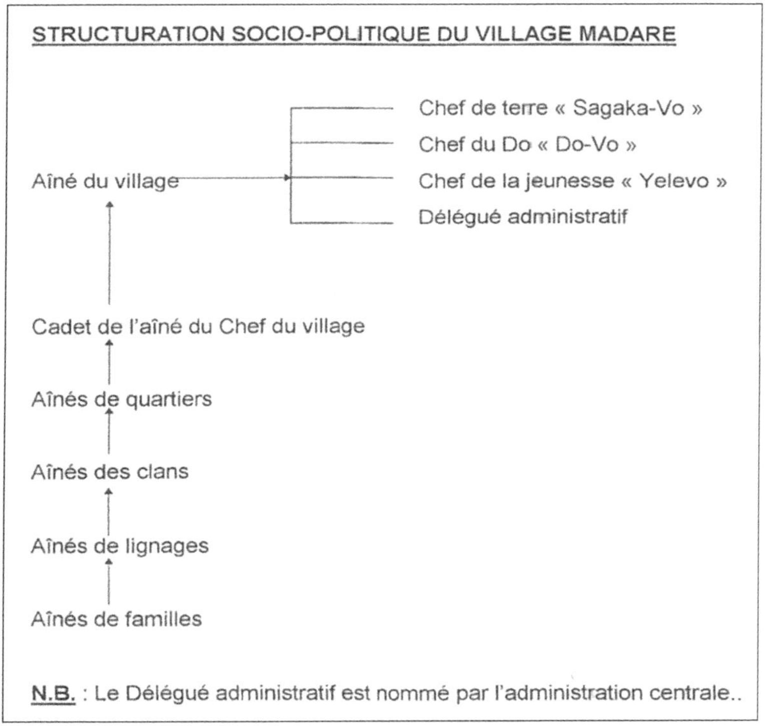

Cadet de l'aîné du chef du village
Aînés de quartiers
Aînés des clans
Aînés de lignages

La stratification socio-politique des villages madarè est de type gérontocratique. En effet, c'est toujours l'aîné qui assume les responsabilités sociales, politiques, culturelles et économiques. Il est communément appelé le "Vo" ou l'aîné. La base de la stratification est constituée par l'ensemble des aînés des familles. Sa dimension est fonction du nombre de familles que compte chaque village. La famille étant l'ensemble de personnes qui ont le même grand-père, il va de soi que l'aîné de la famille devient détenteur du pouvoir familial assumant, ainsi, les fonctions du prêtre, du conseiller, du gestionnaire.

La société madarè est donc de type clanique. En effet, le clan occupe une place importante dans l'organisation socio-politique des villages madarè. Dans la plupart des cas, les quartiers sont constitués en fonction des aspects claniques ou des castes qui sont des clans spéciaux. Ainsi, dans la stratification socio-politique, l'aîné du clan est l'aîné du quartier en même temps. En remontant l'échelle de cette stratification, nous arrivons au cadet de l'aîné qui n'existe pas dans tous les villages en tant qu'entité socio-politique. Il constitue une personnalité "politique" que l'aîné du village prépare pour assurer ses fonctions lors de ses déplacements à l'extérieur.

Outre, le cadet de l'aîné du village, il existe parfois un chef administratif qui est nommé par l'administration centrale représentant l'autorité politique centrale. Dans ce cas, il est placé sous la tutelle de l'aîné du village qui devient alors le chef coutumier. Dans tous les cas, c'est l'aîné du village que les Madarè considèrent comme étant le véritable "chef du village" si nous employons l'expression de l'administration du pays. Il est aidé dans ses tâches par un collège d'aînés ayant des fonctions spéciales et spécifiques.

Il s'agit du Do-Vo, du Yele-vo, du chef des terres. Le Do-vo ou Do-kié est le chef du Do ou le chef religieux des villages madarè. Il s'occupe de tous les rites sacrificiels ayant trait au Do. Il incarne l'unité du village et en constitue le garant. Car, c'est dans le Do que tous les Madarè trouvent leur unité. C'est à ce titre qu'il est appelé le "grand chef". Il représente le Do parmi les Madarè. D'ailleurs, il est le "roi" du village, incarnant l'esprit du Do, qui est la source de la vie. Il va de soi que lui seul a droit de vie ou de mort sur les madarè. Cependant, il exerce ses fonctions tout en étant sous la tutelle de l'aîné du village. Le Do-Vo est issu de la caste des forgerons.

Il est constamment en rapport avec le Yele-vo ou l'aîné des initiés. Celui-ci assume les fonctions de l'éducateur du village à travers les initiations. C'est lui qui confère aux jeunes le droit de citoyenneté et qui les accompagne dans le processus de leur socialisation. Il tire son autorité des masques dont il a la charge de défendre et surtout de les présenter aux initiés. Il travaille, très étroitement avec le chef des terres ou le Sagakavo ou l'aîné de la brousse. Ce dernier gère le terroir du village en assurant les fonctions de garant de l'intégrité territoriale du village surtout en protégeant les terres contre toutes les pratiques pouvant les amener à perdre leur fertilité. A cet effet, il assume toutes les fonctions rituelles de l'occupation et de l'utilisation des terres. Enfin, il veille sur le sommeil des ancêtres qui dorment dans la terre. Il détient donc le pouvoir foncier et agraire du village.

La stratification socio-politique des villages madarè ne confère pas à l'aîné du village un pouvoir centralisé. Il n'est pas l'autorité suprême, il est principalement un gestionnaire du pouvoir et non un détenteur de celui-ci. Il est le catalyseur dont le village a besoin pour fonctionner. À ce titre, sa tâche est d'être le garant de la paix et de l'unité sociales. Pour ce faire, il doit assurer :

– l'intégrité du terroir, et ce, grâce au chef des terres ;

– le maintien des bons rapports avec les divinités (ancêtres, sogo, Do) par l'intermédiaire du Do-Vo ;

– l'éducation de jeunes et leur insertion dans la vie sociale, politique, économique du village par le Yélé-vo ;

– la protection sociale des non-initiés et des femmes ;

– la gestion des affaires du village à travers une démocratie participative.

Partant des fonctions de l'aîné du village, nous pouvons affirmer qu'il constitue une autorité morale, sociale et non une autorité politique qui est assumée essentiellement par l'ensemble des initiés. Eux seuls ont le droit de décider dans le village en suivant les préceptes et prescriptions des coutumes.

D'une manière générale, la structuration des villages madarè ne leur donne pas la configuration d'un pouvoir local fort. Cependant, ils ne sont pas des sociétés acéphales. Ce pouvoir est de type participatif, associant toutes les classes d'âge notamment les classes des initiés. Ainsi, chaque initié a le droit et le devoir de participer à la vie du village notamment à la prise de décisions. Tous les initiés sont égaux en droits et en devoirs lorsqu'il s'agit de la vie du village et personne, même l'aîné du village, ne bénéficie de la prépondérance de voix dans la prise de décision qui, généralement, est collégiale et consensuelle.

C'est à ce niveau que se situe toute la force de la vie communautaire des villages madarè et le profond attachement des Madarè à cette vie. Nous pouvons donc dire que leur philosophie sociale de base est la vie communautaire "être ensemble". Le pouvoir local madarè est plus social que politique. Il traduit l'expression d'une démocratie de type participatif dont la structuration se présente sous forme de symbole. Ainsi, le "Kuri vo" et les aînés du village, représentent le symbole de trait d'union qui existe entre les initiés eux-mêmes d'une part et entre les initiés et les anciens, les ancêtres et le Do, d'autre part.

Il est donc le symbole de l'unité du village, qu'il doit chercher à sauvegarder en évitant d'engager la responsabilité du village par des prises de position individuelle et purement personnelle. Le village est donc plus un état social qu'un état politique qui ne donne ni prérogative, ni des dérogations qui permettent à l'aîné de village d'agir seul. Le "Kuri vo" règne et le collège des aînés gouverne, et ce, à travers les coutumes.

Par rapport aux coutumes, avant de les présenter, nous avons jugé indispensable de les situer dans le contexte des pratiques religieuses. Il n'est pas aisé de parler des pratiques du Do, exercées par la quasi-totalité des Madarè à travers les zones socio-linguistiques.

– les zones benguinda et voréda ont une dominance traditionaliste (62 %). Elles sont très peu islamisées et elles connaissent une représentation chrétienne assez forte 30 % ;

– dans la zone siada (Bobo-Dioulasso) la religion traditionnelle est faiblement pratiquée (6 %), l'islam est dominant (50 %) et une bonne représentation chrétienne, (44 %) ;

– dans la zone sogo-kiré, l'Islam est largement dominant (72 %, les religions traditionnelle et chrétienne, représentent respectivement 8 % et 20 %.

De l'ensemble de ces enquêtes, il est ressorti que presque tous les Madarè (toutes confessions confondues) participent aux coutumes communautaires notamment à celles des masques.

Les masques ont déjà fait l'objet d'étude dans le mémoire de DEA. Si nous y revenons, c'est à cause de l'importance capitale qu'ils jouent dans la vie sociale, religieuse des Madarè. Le masque est difficile à définir, d'ailleurs il ne se définit, il se vit. Car, comme, le dit Sanou A.T "la réalité du masque échappe à toutes les dimensions tangibles ou visibles pour être une synthèse ou “mieux une expérience vivante”. Le masque est à la fois une réalité incommensurable et un trait d'union entre le monde réel (matériel) et le monde immatériel (invisible), enfin la communion vivante perpétuelle entre les vivants, les ancêtres, les divinités madarè. Il est au centre de la vie des hommes, des nombreuses sociétés. En Afrique, il n'est pas le seul fait des Madarè.

Il se rencontre au Mali dans la région de Djenné (zone d'origine des Madarè) en Guinée, au Nord de la Côte d'Ivoire, au Ghana. Au Burkina, il est une pratique courante chez les Bwaba, les Sénoufo, les Samos, les Moosé, les Gourounsi, les Bissa, les Gourmantché.

Certes, ces pratiques n'ont pas les mêmes formes dans ces sociétés et ne se situent pas toujours dans les mêmes circonstances. Ainsi, chez les Bobo, leur pratique est liée aux cérémonies communautaires des morts. Chez les Gourmantché, elle se fait essentiellement lors des rites initiatiques communément appelés circoncisions des jeunes. Au- delà de la différence des formes et des pratiques, le masque a le même fondement à savoir, communiquer avec les ancêtres et avec les divinités. Ce qui assure non seulement la pérennité des coutumes, mais surtout celle de l'espèce et de la communauté humaines.

Chez les Madarè, il a des formes variées. Chaque forme représente un symbole précis. Ainsi, le masque symbolisant l'épervier le "Kiélé" représente la vie communautaire (le village dans son unicité et dans son unité). Le "Kimi" symbole de la cigogne, traduit, lui aussi, le désir de vie unitaire de la famille. Les symboles du buffle, le "Yangan" ; du buvable le "tuu" sont synonymes de la force, de dynamisme, de dynamique susceptibles de transformer la vie des hommes.

Enfin, le dernier symbole que nous citons, en exemple, est celui de la panthère le "solo" ou le "mourou" ; représente l'agilité, la souplesse des Madarè qui est non seulement celle du corps, mais celle de l'esprit leur permettant de transcender les choses pour s'adapter à l'évolution socio-politique de leur environnement. Dans toutes ces représentations symboliques, le masque cache une réalité intangible à l'homme, c'est celle de l'âme des ancêtres vivant dans la communauté, assurant sa protection et établissant des liens indissolubles entre la trilogie des vivants, des ancêtres et des divinités madarè.

Voilà la triple dimension du masque dont les formes varient selon l'évolution de la société. Elles se présentent sous trois aspects fondamentaux marquant l'évolution vestimentaire des madarè. Il y a des masques en fibres, en écorces qui symbolisent l'homme nature (les Madarè s'habillant en feuilles). Ensuite, nous avons des masques en fibres qui caractérisent une étape de l'évolution des technologies madarè (ère des tissages). Enfin, les masques en étoffe situent les Madarè dans l'ère industrielle ou l'ère de la cotonnade.

Somme toute, les masques transcendent les formes qu'on leur donne et les pratiques, pour devenir véritablement le fondement de la culture madarè. Car la société madarè serait sans raison d'être et de vivre si elle venait à perdre les pratiques des masques. D'ailleurs, elle a su faire face à toutes les influences extérieures pour être, même aujourd'hui, une réalité vivante et faisant vivre les Madarè à travers tous les aspects fondamentaux de cette société. C'est le cas des rites agraires.

Ils représentent l'ensemble des cérémonies qui ont, à la fois, un caractère religieux et agraire (ayant trait à l'exploitation de la terre). Ils sont très nombreux et variés dans la société madarè. Nous examinerons les rites d'occupation des terres, l'intervention des masques des pluies, les fêtes des récoltes. Les rites d'occupation des terres font partie des coutumes madarè qui, elles-mêmes, relèvent des pratiques du Mandé. Leur fondement se situe à trois niveaux.

Premièrement, l'homme vient de la nature, de la terre. Il doit chercher non seulement à la respecter, mais surtout à ne pas couper le lien ombilical entre la nature et lui. il est homme-nature. Deuxièmement, venant de la terre, il y retournera après la vie terrestre, la terre constituera alors sa demeure éternelle. Troisièmement, la nature est le temple du Do et de toutes les divinités madarè, notamment le dieu de la brousse ou de la nature : sogo. Tous ces faits qui constituent la source de leur vie et de leur raison d'être et de vivre les contraignent à s'attacher à la nature s'ils ne veulent encourir les risques de malédiction et de châtiment de cette nature. Ils ne sauraient donc l'occuper sans autorisation préalable des divinités et des mânes ancestraux.

Voilà le fondement des rites d'occupation des terres, de la nature. D'ailleurs, l'ancêtre bobo, arrivé du Mandé à Timina a accompli ces rites avant de s'y installer. Ce que l'ancêtre a commencé, le Madarè est obligé de le poursuivre. Ce geste est répété par l'ensemble des fondateurs des villages que nous allons bientôt étudier. Pour pérenniser les rites d'occupation, les Madarè ont institué, dans leur organisation socio-politique, une autorité chargée de la gestion du patrimoine foncier, et de l'accomplissement des rites de son occupation.

Il s'agit du chef des terres ou le prêtre chargé de maintenir bonnes les relations entre les hommes et la nature. Cette autorité accomplit et fait accomplir les rites d'occupation des terres par les Madarè et les non Madarè qui sont sur le terroir madarè et qui l'exploitent. Ces rites consistent en un certain nombre de sacrifices que nous avons déjà décrits dans le mémoire de DEA. Outre ces rites, il existe des bois et des rivières sacrés qui ont pour rôle de rappeler aux Madarè que la nature est sacrée. Ils constituent donc les symboles que les Madarè et les non Madarè sont obligés de respecter au risque d'attirer sur eux et sur leur communauté la colère de la nature.

Quant à la signification des rites d'occupation de la nature, les Madarè les situent dans le cadre du pacte existant entre eux et la nature. Il exige qu'ils ne l'occupent pas sans l'autorisation du Do et des mânes ancestraux. D'ailleurs, ils savent bien qu'ils ne peuvent avoir des récoltes abondantes que s'ils respectent cette coutume. En effet, ces récoltes dépendent essentiellement de la fertilité du sol et de la disponibilité de la nature à donner aux hommes, une partie de son existence pour la faire prolonger en eux.

Elle peut refuser de la leur céder si elle n'est pas satisfaite de la manière dont ils l'exploitent. Il y a ainsi une continuité de la vie de la nature chez l'homme et vice versa. Voilà, en résumé, les clauses du pacte homme-nature. Dans le cas de non-respect de ces clauses, la nature a plusieurs moyens de punir l'homme surtout s'il venait à rompre le pacte. Elle peut, entre autres, arrêter la pluie, faire envahir les cultures par toutes sortes de prédateurs (criquets, rats, etc.).

Dans le cas de l'arrêt instantané ou prolongé, des pluies, les anciens qui en connaissent les raisons, organisent des sacrifices de supplication et d'expiation par lesquels ils cherchent à rétablir le cours normal des choses, en réconciliant les hommes à la nature. Dans certaines situations graves, les simples sacrifices d'animaux ne suffisent pas à apaiser la colère des divinités, tant la faute est grande, ils effectuent la sortie d'un masque spécial qui est le médiateur ultime entre les hommes et la nature. La sortie de ce masque fait éviter, de justesse, une calamité de grande envergure. Le masque, une fois, sorti, retourne chez lui sous la pluie.

Dans tous les cas (saison des pluies normale ou difficile), ils sont obligés d'organiser la fête des récoltes communément appelée fête des prémices. Ils traduisent, ainsi, leur reconnaissance aux divinités qui leur ont donné la force physique et spirituelle tout au long de la saison des pluies tout en les gratifiant de récoltes abondantes. Ils en profitent pour leur demander l'autorisation de retourner au village donc de la quitter pour reprendre la vie de la cité et surtout de jouir des récoltes obtenues. D'ailleurs, l'aîné du village n'est autorisé à utiliser ces prémices qu'après l'accomplissement des sacrifices rituels des récoltes. Leur emploi n'est pas fait par n'importe quelle femme. Seule la sœur du village dite "Kuru-ligue-ya" est autorisée à préparer le "to" avec ces prémices.

Les rites agraires font donc partie de l'ensemble des coutumes qui assurent la sécurité et la paix sociales. Elles sont largement dépendantes de l'état des rapports existant entre l'homme et la nature. Ils font du Madarè "homme-Nature" et constituent par conséquent un maillon important de leur vie tout comme les initiations.

L'initiation ou le "Tin-Ma-Sa" est une pratique qui a un contenu dont la signification est très difficile à définir. La difficulté est surtout liée à son caractère confidentiel. Définir le"Tin-ma-sa" c'est le vider de son secret qui constitue son fondement. La compilation de la documentation traitant des initiations Bobo nous a laissé sur notre soif, même celle écrite par les Bobo eux-mêmes. Dans son livre le Bwa (une frange des Bobo) Nazi Boni[4] en parle, mais il ne définit pas les initiations.

Les initiations madarè constituent un monde intangible, l'irréel des Madarè. Il est plus aisé de parler du Do qui en est l'initiateur que de parler des initiations, elles-mêmes. Mieux que quiconque Sanou J.[5] qui est lui-même Madarè présente les initiations comme étant "l'entrée des Madarè dans les secrets de leur communauté". En décrivant l'univers bobo-fing (nous dirons madarè) et le caractère de citoyenneté madarè, il le présente comme un lavage "il va falloir que l'on vous lave la figure et que l'on vous ouvre les yeux aux divers secrets de la vie, cela afin que vous puissiez voir les choses avec les yeux d'un vrai Bobo-fing, allié de puissances divines et spirituelles, afin que désormais vous ne puissiez agir et réagir qu'en tant que tel".

Ces paroles d'initié font des rites initiatiques, un processus de socialisation des jeunes. C'est une véritable école de formation humaine, sociale, spirituelle pour eux. Elle est jalonnée d'épreuves physiques, morales faisant d'eux des citoyens en leur conférant le droit de citoyenneté ; ou le droit d'appartenir, de manière irréversible et irrévocable, à la communauté des initiés.

Comme toute école et comme tout processus de socialisation, les initiations sont composées d'une série d'étapes, les unes aussi importantes que les autres. Les rites initiatiques ont lieu tous les sept ans et regroupent tous les jeunes de la même génération d'où le concept de classe d'âge ou de classe des initiés. La première étape des rites initiatiques est le "Dogo sin sa man" qui consiste à regrou-

---

[4] Boni N. : Le Crépuscule des temps anciens Présence Africaine Paris 259 p.

[5] SANOU J. 1983 Importance des pratiques traditionnelles de socialisation et d'enculturation de la jeunesse rurale de H.V. Université Lyon II Page 34.

per les jeunes gens du même âge. Ils font des prestations de services agricoles (la culture de champ, chez les chefs de famille). Elle peut aller de 3 à 4 ans.

Elle apprend aux jeunes à vivre véritablement en communauté en développant chez eux la pratique de la solidarité et l'entraide sociales. Elle leur apprend aussi que le Madarè est un homme de la communauté à laquelle il doit dévouement et sacrifices. À travers les prestations de services agricoles, les jeunes collectent de l'argent qui sera utilisé dans le cadre du processus initiatique qui se poursuit par la présentation de ces jeunes au masque, symbole du monde confidentiel des Madarè. Cette présentation (la deuxième étape) s'effectue à travers des épreuves physiques comme si on leur apprenait qu'il n'est permis à tout le monde de connaître le masque. Dans aucun cas, ils ne sont autorisés à pleurer, car le "masque avale les hommes peureux, peu braves". C'est l'étape de la stoïcité.

Le jeune madarè apprend à être brave à travers les vicissitudes de la vie. Grâce à cette bravoure, il est initié à la loi du silence. Ces initiés au masque acquièrent ainsi une promotion sociale voire une mobilité verticale dans la stratification socio-politique madarè. Ils sortent du monde des non-initiés (des non-citoyens) pour entrer dans celui des citoyens et des initiés. De même, ils quittent l'univers de l'indiscrétion (du verbiage enfantin) pour entrer dans celui de la discrétion, de la confidentialité, de la mesure de la parole. Pour le montrer, ils sont autorisés à aller accueillir les masques (lors des cérémonies de ceux-ci) pour les accompagner au village, au côté des aînés initiés. De même, ils peuvent participer aux cérémonies funéraires de grandes personnes. C'est à travers ces actions qu'ils affirment leur personnalité et font valoir leur droit de citoyenneté.

Les deux premières étapes constituent le processus d'accompagnement des jeunes cheminant vers l'initiation, quittant, par conséquent, le stade de l'enfance pour entrer dans celui de l'adolescence. Elles permettent de "laver le visage des enfants" ou de les préparer à entrer dans le monde des hommes virils. D'ailleurs, leurs noms sont très explicites le "konon" ou le "Komo" "laver le visage" transforme les enfants en "sikin" ou en des adolescents n'appartenant plus à leurs familles, mais à l'aîné des initiés au "yélé-vo".

Le processus initiatique se poursuit une fois que les adolescents ont eu le visage lavé à travers la trame des rôles sociaux. Ils n'ont pas encore acquis le grade des initiés. Le "Yélé-vo" ne le leur conféra que lorsqu'ils auront subi les derniers rites initiatiques à l'âge de 18 à 25 ans. Au cours de cette dernière étape, les adolescents ayant été initiés aux secrets de la vie sociale, religieuse de leur communauté et ayant fait preuve de bravoure et de sociabilité sont autorisés à apprendre le langage du Do : le "luo" par lequel ils peuvent, désormais, s'adresser aux masques et au "Do-vo". Ils se placent, alors, sous la double tutelle du Yelevo et du "Do-vo". Le premier leur rappelle le devoir des initiés, le second les place sous la protection du Do.

Le couronnement des initiations s'effectue par les grandes fêtes populaires, au cours desquelles, les jeunes initiés, promus au grade de citoyen, à part entière, entrent triomphalement dans la communauté. Désormais, étant initiés, ils ont les mêmes droits et les mêmes devoirs que leurs aînés. Ainsi, ils sont obligés de prendre une part active à la vie de celle-ci. Ils peuvent participer à toutes les cérémonies communautaires telles que les funérailles.

Dans la communauté madarè, la mort n'existe pas, la vie est perpétuellement en mouvement de transformations qualitatives. En effet, il existe une réelle communion entre les ancêtres et les vivants. Elle est tellement forte que l'on croit que les deux vivent ensemble, font corps ensemble. Le terme ancêtre représente toute personne qui a devancé les vivants dans l'au-delà. C'est pourquoi, pour le Madarè, tout homme (au sens général) qui a vécu mérite des funéraires, quelle que soit la durée de sa vie.

Ce qui confère à tout Madarè le droit d'avoir des funérailles, même les enfants. Certes, les funérailles n'ont pas le même éclat. Ainsi, les personnes âgées ont droit à des funérailles grandioses, populaires. Le concept de funérailles, dans cette communauté, dépasse le cadre des simples rites funéraires ponctuels, organisés lors de l'enterrement. Elles constituent une continuité de la vie humaine et un prolongement quotidien. Elles ne peuvent être célébrées avec le maximum de ferveur, au jour le jour, et après chaque décès. Ce qui pourrait bloquer la vie active quotidienne.

Ainsi, les Madarè ont des funérailles fraîches et sèches. Les premières connues sous le nom de "sakoma bin" se déroulent aussitôt après les rites d'enterrement. C'est la période du deuil au cours duquel la famille éplorée reçoit les condoléances des autres. Ce qui lui permet de rester digne même dans la douleur. D'ailleurs, l'une des caractéristiques fondamentales des Madarè consiste à transcender la douleur de la mort. C'est pourquoi il y a très peu de pleurs, car pleurer revient à déshonorer le mort comme s'il a été frappé par une malédiction des ancêtres, du Do.

De même, pleurer est synonyme de désolation qui est contraire à l'éthique madarè selon laquelle la mort anoblit l'homme, car elle le fait entrer dans l'univers des ancêtres et du Do. Le "sakoma bin" est le prélude au "sakoma kue", ou funérailles sèches qui ont lieu tous les ans. Elles se déroulent selon plusieurs phases allant du "Sianko" à la sortie des masques en passant par "Karaya" ou veillée animée par les femmes et par la sortie du "kuku" ou le trésor des défunts. Les funérailles sèches se terminent par des réjouissances populaires grandioses, auxquelles tous les Madarè du village doivent participer et auxquelles les autres villages, les autorités politiques et administratives sont conviés.

La célébration de funérailles communautaires, au-delà de son caractère populaire, traduit toute la force de l'éthique madarè qui établit une communion entre les hommes (vivants) et les ancêtres d'une part, et entre les hommes, les ancêtres et le Do, d'autre part. Son caractère populaire traduit le désir des Madarè à mener une vie communautaire et à transcender, ainsi, les divergences socio-politiques. Cette célébration est une occasion de réconciliation et de communion avec l'univers du Do.

Il est très difficile de considérer le Do comme une coutume et de le situer dans un ordre chronologique des choses. Le Do ne vient ni avant ni après une autre coutume. Il n'est pas une coutume, il n'est pas non plus une mythologie de type gréco-romain. Il est encore bien moins une mysticité. Enfin, le Do n'est ni Dieu puisque le Vouro est Dieu, ni l'envoyé, ni le prophète de Dieu. Il n'a ni commencement ni fin. Cependant, il n'est pas, non plus, une imagination ni une légende populaire. Le Do existe et ne se définit pas.

Il est une somme des pratiques socio-religieuses madarè et de tous les peuples qui reconnaissent son existence. Ces pratiques s'imposent à tout Madarè, quelle que soit sa confession religieuse. Ce qui nous fait dire que le Do dépasse le cadre de la religion traditionnelle des Madarè. En effet, les coutumes madarè que nous venons de décrire à travers les masques, les rites agraires, les initiations, les funérailles communautaires trouvent leur fondement dans le Do. Or, ces coutumes sont mises en œuvre par tous les Madarè. Elles sont communautaires (appartenant à l'ensemble des Madarè et non à un groupe de Madarè).

Lors de nos enquêtes, nous avons constaté que les Madarè christianisés et islamisés restent fondamentalement attachés à ces coutumes et prennent part à leur célébration. Car, nul n'est autorisé à se mettre à l'écart des cérémonies communautaires au risque de se faire exclure de la communauté. D'ailleurs, tous les Madarè en ont pleinement conscience. Nous pouvons l'illustrer en citant la thèse de Sanou AT qui bien qu'étant l'évêque du diocèse de Bobo, donc occupant une place prépondérante dans la hiérarchie catholique, se présente toujours comme étant le fils de la tradition.

Il en est même le défenseur. Dans sa thèse de théologie soutenue, en 1970, il analyse toute la problématique de l'inculturation du catholicisme à la tradition madarè. Autrement dit, il a cherché à tracer un itinéraire qui peut permettre au Madarè de rester madarè, lorsqu'il devient catholique.

Le Do est une réalité transcendant la religion pour être le garant de la paix sociale. Il est aussi la force morale qui guide, mieux, qui dicte la conduite des Madarè au cours de leur existence. Le Do est donc la citadelle, la forteresse et le rempart de la société madarè. Il est donc au centre de la vie sociale, politique et économique des Madarè.

L'étude succincte que nous venons de faire du milieu socio-culturel madarè nous apprend que la société madarè est à la fois, un Etat-Nature et un Etat-Do. Elle tire son fondement matériel et de la Nature et du Do. Elle ne serait pas madarè si elle venait à être séparée de la Nature et du Do. Elle le traduit même dans son économie, notamment dans le cadre conceptuel et dans les différents secteurs de celle-ci. C'est ce que nous allons montrer à travers l'étude de l'économie madarè.

2.1.4. ÉCONOMIE MADARÈ

L'économie madarè se situe dans un environnement socio-culturel et socio-religieux précis. Elle est essentiellement agricole puisque le Madarè est un cultivateur sédentaire. La mythologie madarè que nous avons décrite plus haut le confirme. Il exerce le travail agricole conformément à la logique du Do. Pour lui, l'activité agricole est non seulement un "gagne-pain », mais surtout le prolongement de la vie, de la nature dans l'homme. Les anciens décrivent cette vision comme suit : "Dieu crée les biens, notamment les récoltes qu'il confie au Do qui en devient le dispensateur (distributeur).

Le Do, à son tour, confie les récoltes à la nature qui en devient le pourvoyeur. La nature les confie aux ancêtres qui en deviennent les véritables gardiens (dépositaires) sans lesquels les hommes ne peuvent accéder aux récoltes. Ils ne peuvent donc les obtenir directement du Do. Les ancêtres qui sont dans la nature ou dans la terre (faisant corps avec elle) les cachent dans celle-ci : la nature devient alors le trésor que les hommes peuvent explorer grâce à l'intervention des ancêtres (autorisation), avec l'accord du Do et enfin, grâce à la volonté du "Vouro" ou de Dieu. Les Madarè ne créent pas les récoltes ; ils en sont seulement bénéficiaires (utilisateurs)".

L'activité agricole a un fondement socio-religieux pour les Madarè qui ont appris à travailler la terre (nature) avec le maximum de bienveillance. Elle est la demeure des ancêtres, l'autel du Do et la gratification que "Vouro" Dieu leur a faite. Il en résulte qu'ils ne considèrent pas l'activité agricole comme une activité économique ayant pour objet de produire et d'accumuler des récoltes (les richesses). C'est l'une des différences fondamentales qui existent entre les logiques économiques madarè et occidentale.

Il convient toutefois de noter que les Madarè n'ignorent pas que toute activité agricole doit être rentable. Ils la situent dans un environnement beaucoup plus socio-religieux qu'économique. Ainsi, la vie économique n'est qu'un aspect de la vie socio-religieuse. Les "bonnes récoltes" ou les richesses résultent essentiellement des bons rapports qu'ils ont avec les différentes entités socio-religieuses. Ils doivent être proches des ancêtres, protégés du Do et bénis du "Vouro", s'ils veulent devenir riches.

Dans tous les cas, ils n'assument pas, eux-mêmes, la responsabilité des mauvaises récoltes, ils les subissent comme une malédiction de l'ensemble de leurs divinités. Ils ne se considèrent pas comme étant les véritables producteurs, mais les catalyseurs de la production, des "récoltes", des richesses, ils les reproduisent. Il convient de noter, toutefois, qu'ils savent que la pauvreté est synonyme de malédiction et d'incapacité, pire, d'humiliation. En effet, il n'y a pas, chez eux, plus grande humiliation que celle d'être incapable (pour un homme valide) de se prendre en charge et de prendre en charge sa famille.

De même, ils ne considèrent pas la richesse comme un moyen d'accumulation matérielle et financière, mais comme un moyen qui permet aux hommes d'assumer leur responsabilité à la fois, individuelle et communautaire. S'ils arrivent à amasser les biens, ils doivent les mettre au service de leur communauté. Il est donc admis qu'il y ait des hommes qui, par leur travail, deviennent plus riches que les autres. Cependant, il est interdit d'en faire l'apanage d'un succès individuel, d'un mérite personnel et surtout d'en faire une propriété exclusivement privée.

Le système économique madarè admet la propriété privée, et le mérite que chacun a à réussir aux plans économique et social. Cependant, le droit à la propriété privée est réglementé par un système de contrôle social traditionnel qui est exercé par l'ensemble des structures socio -politico-administatives. De ce fait, les Madarè reconnaissent l'inégalité entre les hommes, ceci d'autant plus qu'ils n'ont pas les mêmes valeurs physiques, morales, sociales. Cependant, ils refusent de l'institutionnaliser en la réglementant par le contrôle social dont nous venons de parler.

La communauté madarè ne pratique pas un égalitarisme jacobin qui, selon eux, est synonyme de médiocrité ; il exclut toute possibilité d'émulation sociale. Elle proscrit, toutefois, l'inégalité qui humilie les uns et glorifie les autres. Le cadre conceptuel de l'économie madarè cherche à établir un système de rééquilibrage socio-économique en la plaçant sous l'autorité du Do et sous la bienveillance des ancêtres. C'est dans ce cadre que les Madarè mènent toutes les activités économiques dans divers secteurs.

Les principaux secteurs économiques dans lesquels s'investissent les madarè sont l'agriculture, l'artisanat ; le commerce. Ces secteurs correspondent à leur stratification socio-politique. Pour toutes fins utiles, rappelons qu'elle comporte les cultivateurs, les forgerons et les griots (artisans) et les commerçants (les Zara), plus la composante assimilée, le Peul qui est essentiellement éleveur.

Les activités agricoles sont essentiellement menées par les "Sansan" ou les Bobo cultivateurs. Le terme sansan, selon Sanou D. B. dériverait de "son sian son" qui signifie "ceux qui cultivent et dorment dans les champs". Cette définition révèle que les Madarè font la part des choses entre la vie de la cité (le village) et celle de la brousse ou campement de cultures.

La structuration des champs se résume en leur répartition en champs de case qui sont en réalité les champs du village. Ces champs qui se situent dernière le mur ou "Kpla kwo lagarè". Ils représentent entre 2 à 5 % de la superficie de l'exploitation. Les champs de brousse ou "kebe lagarè" se situent en dehors du village et parfois loin de celui (95 % des superficies exploitées). L'acquisition de terres se fait par héritage 84,41 % par don 7,42 % et par prêt 6,17 % (source enquêtes 92).

Il est surtout une activité exercée par les castes (les forgerons et les griots). Les forgerons travaillent le fer fabriquant tout l'outillage agricole traditionnel (daba, faucilles, etc.). Ils fabriquent, de plus en plus, le matériel de culture attelée. Les forgerons ayant subi une formation professionnelle, arrivent même à faire les pièces de rechange des tracteurs. Les griots font du tannage des peaux (travaillant le cuir). Leurs femmes font de la poterie. Ces castes, autrefois, ne pratiquaient pas l'agriculture. Elles vivaient des fruits des prestations de services sociaux. L'artisanat madarè est assez développé. Par contre l'élevage ne l'est pas.

En raison de sa nature et de ses fonctions, le Madarè n'est pas un éleveur. En effet, aucune de ses couches socio-professionnelles ne se consacre à cette activité. D'ailleurs, la construction de l'habitat madarè ne laisse pas d'espace pour l'élevage familial. L'élevage n'est presque pas pratiqué par les Madarè. Il existe cependant sur son terroir grâce à un lignage assimilé (les Peul). Aujourd'hui, les Madarè commencent à pratiquer, eux-mêmes, l'élevage des bovins, ceci, suite à l'adoption de la culture attelée.

Le commerce est une activité qui est exercée par les Zara ou Bobo-dioula. Autrefois, il était très peu développé, car l'économie madarè n'était pas marchande. Elle avait un caractère autarcique. Le commerce a commencé à connaître un réel essor à partir de l'arrivée des Dioula de kong et du développement des cultures dites commerciales (coton, arachide). Aujourd'hui, le terroir madarè est devenu une zone d'intenses activités commerciales suite au développement des unités agro-industrielles à Bobo.

L'agro-industrie commence à connaître un essor dans la société madarè, au cours de ces trois dernières décennies. Elle se développe surtout dans la ville de Sya ou de Bobo-Dioulasso qui est, rappelons-le, la capitale économique du Burkina. Cette ville abrite, en effet, de nombreuses unités agro-industrielles.

L'économie madarè connaît, de plus en plus, des transformations importantes. Autrefois, elle était villageoise, actuellement, elle est marchande. Ces transformations sont essentiellement dues à l'emploi des technologies agricoles modernes. Elles (les transformations) se situent tant au niveau de la logique économique madarè que ceux de l'outillage et des techniques de production. Elles vont au-delà des seuls aspects économiques, pour embrasser la société madarè dans la globalité. Elles la touchent à travers ses caractéristiques essentielles.

2.1.5. CARACTÉRISTIQUES DE LA SOCIÉTÉ MADARÈ

Ces caractéristiques sont socio-culturelles, socio-politiques, socio-économiques que nous avons regroupées selon deux modes d'assemblages suivant leur similarité.

Ainsi, le premier mode est constitué par les cadres sociaux dans lesquels s'écoule, mieux se meut la vie des Madarè. Le deuxième représente l'ensemble des paliers (strates ou niveaux) en profondeur de la société madarè.

Au niveau des cadres sociaux, nous les avons répartis en quatre types sociaux que nous appelons la quadrulogie des communautés à savoir, la communauté de vie, la communauté de biens, la communauté des actions et la communauté de destin. En effet, la vie des Madarè se résume à "être ensemble", "avoir ensemble", "agir ensemble", "avoir une destinée commune".

Le premier cadre social qui est la communauté de vie, ou "être ensemble" se traduit par l'habitat groupé (maisons en tas), les villages groupés (peu éloignés les uns des autres). Le deuxième cadre social à savoir la communauté des biens ou "avoir ensemble" s'exprime par l'existence des champs collectifs, l'héritage commun des coutumes, des rites, des terres, etc. Le troisième cadre social qui est la communauté des actions ou la volonté d'agir ensemble regroupe toutes actions socio-culturelles, socio-économiques, socio-politiques que mènent les Madarè.

Elles sous-tendent la vie sociale, économique, politique madarè. Ils agissent ensemble, à travers les conseils de village, les coutumes, les manifestations sociales (mariage, funérailles, etc.). Le quatrième cadre social est la communauté de destin. Il représente la vision qu'ils ont de leur passé, du présent de leur avenir. Ainsi, de par les expériences qu'ils ont acquises et accumulées au cours des âges, ils sont convaincus d'une chose "ils ont un destin commun". La perception de cette communauté de destin se traduit par le fait qu'ils croient que la succession des faits sociaux, économiques et politiques, s'effectue dans la vie, selon la volonté du Vouro, du Do et des ancêtres.

Leur avenir ne peut se concevoir en dehors de cette optique. C'est pourquoi ils le traduisent dans leur vie terrestre en célébrant des funérailles collectives qui attestent que la plénitude de leur vie est réalisée. Ces funérailles portent un double sceau. Elles lient le destin des vivants à celui des ancêtres, le destin de ceux-ci à celui de toutes les divinités madarè, Do, Sogo, etc.

La vision du destin des Madarè est celle d'une vie communautaire ayant une triple dimension (communauté des vivants, communauté des vivants et des ancêtres et communauté des vivants, des ancêtres et du Do). Cette triple dimension des vivants, des ancêtres et du Do, est une entité indissociable. Il en résulte que leur destin devient un idéal de vie qu'ils essaient de défendre pendant leur vie terrestre. Cet idéal vise essentiellement l'avènement d'une société madarè communautaire et humainement solidaire. Le quatrième cadre social représente donc l'imaginaire social madarè.

Ainsi, les quatre cadres sociaux, "être ensemble", « avoir en commun », "agir ensemble" et le « destin commun », constituent les domaines de définition et les champs dans lesquels se meut la vie sociale, culturelle, politique, économique des Madarè. Ils sont interdépendants parce qu'ils agissent les uns sur les autres. Car, il n'est pas facile de vivre en communauté s'il n'y a pas une communauté de biens, qui ne peut être envisagée que s'il y a un besoin d'agir ensemble.

Ce besoin ne peut exister que s'il y a un idéal commun à défendre. L'existence de la quadrulogie des cadres sociaux implique nécessairement celle d'un contenu. Car, si les cadres sociaux constituent les contenants, ils ne peuvent fonctionner que s'ils contiennent quelque chose. Ce contenu est composé des paliers en profondeur de la société madarè. Il s'agit de la nature, de l'organisation sociale, des coutumes, du Do.

La nature est le premier palier en profondeur de la société madarè. Elle représente un ensemble complexe composé des terres, de l'habitat, des cours d'eau. Il s'agit de l'environnement au sens le plus large du terme. L'étude des attitudes et des comportements des Madarè nous a montré que leur société est un "état-nature" et que le Madarè est, lui-même, "homme nature". L'histoire des Madarè est jalonnée des faits qui attestent que la nature et le Madarè constituent une même entité. En effet, les motivations profondes qui ont amené tous les fondateurs (allant de l'ancêtre des Bobo venu du Mandé et aux ancêtres des huit villages à étudier) ont été d'ordre naturel.

Ils ont tous une caractéristique commune à savoir (ils sont tous chasseurs et agriculteurs). Ils ont créé la société madarè (ancêtre Bobo) et les villages dans l'optique de satisfaire des besoins naturels propres aux Madarè à savoir la chasse et l'agriculture. Ainsi, les mobiles qui les ont amenés à quitter leurs villages pour en créer d'autres sont d'ordre cynégétique et agricole. Le premier palier en profondeur de la société madarè ne peut être autre chose que la nature elle-même.

Le deuxième palier en profondeur est l'organisation ou la structuration sociale mise en place par les Madarè leur permettant d'occuper et d'utiliser la nature. L'organisation sociale des villages madarè que nous avons décrite peut se résumer en l'existence des classes d'âge, mieux, des classes des initiés, des conseils de village, des couches socio-professionnelles (cultivateurs, forgerons et griots). Cette organisation a donc une dimension horizontale (structuration sociale) et une dimension verticale (hiérarchisation et la stratification socio-politiques).

Elle est le reflet même de la quadrulogie des cadres sociaux : le mode groupé de l'habitat (être ensemble), la mise en place des structures chargées de la gestion des biens des familles et des villages (terres, récoltes, etc.) ; il existe aussi des structures amenant les Madarè à agir (les funérailles collectives, les masques, etc.). L'organisation madarè a été conçue et mise en place dans l'optique de mener une vie communautaire. Pour réaliser cet idéal, ils ont édifié leur organisation sur la base des coutumes qui forment le troisième palier en profondeur.

Nous appelons coutume, l'ensemble des faits, des actes, des gestes que les Madarè ont élaborés, au cours des âges séculaires et qui représentent, aujourd'hui, les références sérieuses de leur "je suis né et j'ai vu." En réalité, ces coutumes représentent le code de conduite des Madarè et de leur société. Ce code est composé essentiellement des systèmes de valeurs, des normes de conduite, du mode de vie, de la trame des rôles sociaux, des symboles, de l'opinion et de la mentalité madarè.

Les systèmes de valeurs représentent un 'ensemble cohérent qui regroupe les valeurs sociales, humaines, morales, spirituelles, économiques et politiques des Madarè. Les valeurs humaines sont celles qui font d'eux des hommes dignes de leur société. Ainsi, un Madarè est jugé digne, lorsqu'il est initié et quand il a des qualités et les compétences qui lui permettent d'être utile à lui-même, à sa famille et à sa communauté. Les qualités humaines exigées sont, entre autres, la discrétion, le dévouement, le respect d'autrui et de l'engagement, la sincérité, le don de soi à sa famille et à sa communauté, la sociabilité, etc.

Les compétences que doit acquérir tout Madarè sont le savoir, le savoir-faire, le savoir-être et le savoir-vivre. Ces valeurs humaines vont de pair avec les valeurs sociales telles que le respect de la vie, de la personne et de la communauté, la solidarité entre les hommes, le goût de la vie communautaire. Il existe aussi des valeurs spirituelles telles que la piété, le respect des coutumes, la participation aux cérémonies communautaires du Do, la tolérance, l'esprit de partage.

Quant aux valeurs économiques, elles consistent à amener le Madarè à se prendre en charge et à prendre en charge sa société par sa propre capacité à travailler la terre. Ainsi, sa valeur économique se mesure au nombre de greniers qu'il obtient à la récolte. De même, la valeur économique d'un village madarè se mesure à sa capacité à subvenir à ses besoins alimentaires : un village chroniquement soumis aux famines, non seulement, n'a aucune valeur économique, mais surtout, est considéré comme maudit par les divinités madarè.

Le Madarè n'a aucune valeur économique s'il est démuni. Il perd toute sa valeur sociale s'il devient riche et refuse de partager sa richesse avec sa communauté. L'une des valeurs économiques qui est considérée comme cardinale par les Madarè est d'être, à la fois, un grand producteur et un prodigue des biens. Enfin, les valeurs politiques de la société madarè résident dans l'organisation de la démocratie villageoise dans laquelle tous les initiés ont les mêmes droits et les mêmes devoirs.

Pour rendre cette démocratie concrète et vivante, cette société a défini les normes de conduite qui forment le deuxième sous-volet des coutumes. Ces normes représentent l'ensemble des lois non inscrites dans un code définissant ce qui est permis de faire et ce qui ne l'est pas. La morale sociale madarè se trouve à plusieurs niveaux (la famille, le clan, le quartier, la société, elle-même).

La famille est le cadre d'éducation des enfants (de socialisation de ceux-ci). En cela, les parents doivent être le reflet des normes de conduite de la société. Ils sont appuyés par le clan qui doit être aussi le reflet de la société pour les familles. Il y a, enfin, la société, elle-même, qui crée les cadres d'application et de contrôle à travers les sanctions positives et/ou négatives, les totems, les interdits sociaux. C'est, par exemple, le cas du chef de village qui doit avoir toujours, à sa main gauche, une queue de cheval (symbole de l'unité du village). Il n'est pas autorisé à serrer les mains de gens (lors des salutations). Il peut voyager, sans toutefois, être autorisé à dormir en dehors de son village.

Au niveau des initiés, ils ont appris à garder le secret du Do qu'ils ne doivent jamais communiquer aux non-initiés, aux étrangers. De même, les notables participant au conseil de village sont astreints au silence sur les décisions prises jusqu'à leur publication officielle. Au niveau des femmes, elles ne sont pas associées aux initiations de leurs enfants ni aux masques. Dans ce cas, elles doivent se cacher, lors des passages des masques. C'est donc une certitude que la société madarè a son code moral qui régit les conduites des Madarè dans les familles, les clans, etc.

Ce code définit le mode de vie de cette société (3ème sous palier des coutumes). Ce mode n'est rien d'autre que des manières de vivre, de se comporter, de s'habiller, bref, il s'agit des modèles sociaux. Par exemple, le modèle vestimentaire madarè est un modèle de comportement qu'ils ont vis-à-vis de la nature. C'est ainsi qu'ils s'habillaient en feuilles, ce qui faisait d'eux des "hommes-nature". D'ailleurs, c'est l'un des comportements qui leur a permis de passer de l'habillement des feuilles à celui de la cotonnade qui est un produit de la nature. C'est pourquoi les masques sont faits de feuilles, d'écorces, etc. Dans la même optique, l'agriculture est un mode de vie qui lie l'homme à la nature. C'est à partir de ce mode de vie que la trame des rôles sociaux a été tissée par les Madarè.

Cette trame (quatrième sous palier des coutumes) définit les attributions sociales, économiques et politiques de chaque Madarè. Il est un enchevêtrement des rôles sociaux. C'est le cas du forgeron qui est à la fois l'orfèvre et le grand chef du Do dans les villages madarè (l'exemple de Koumi). Il est, aussi, le tampon social chargé de régler les conflits sociaux. De même, le griot est, à la fois, la mémoire collective, le musicien, le porte-parole, l'animateur du village. Aujourd'hui, le cultivateur Bobo tend à devenir à la fois, le gestionnaire, le comptable, le commerçant, l'éleveur, etc.

La trame de rôles sociaux fait du Madarè :

– un homme politique, capable d'assurer des tâches politiques qui lui permettent de participer activement à la gestion des affaires du village ;

– un agent économique susceptible d'être producteur, distributeur et consommateur des richesses ;

– un agent social qui assure des tâches d'éducateur, de conseiller, etc. ;

– un homme de culture, dépositaire et transmetteur des modes de vie, de la tradition, des coutumes, etc. A ce titre, il doit être à mesure de connaître la signification des symboles de sa société.

En effet, la société madarè est marquée par des symboles sociaux dont les principaux sont les initiations, les rites agraires, les masques. Sans revenir sur leur description, nous allons essayer de découvrir la signification des symboles qu'ils représentent.

Les initiations constituent les écoles où les processus de socialisation de l'enfant madarè s'achèvent. C'est le cadre de passage de l'enfance à l'âge adulte : l'adolescent devient majeur et donc investi des mêmes droits et devoirs que ses aînés initiés. L'initiation est le symbole de la citoyenneté, de l'identité madarè. Les rites agraires sont des demandes d'autorisation d'utiliser les terres qu'adressent les Madarè au Do en passant par les ancêtres et le chef de terre. Ils traduisent l'attitude de respect des Madarè envers la nature, la demeure des mânes ancestrales et celle du Do. Par les rites agraires, ils établissent un pacte entre l'homme et la nature.

Le masque est le symbole de l'unité de la trilogie "homme-nature-divinité". Il incarne le plus grand symbole madarè qui transcende tous les rapports qu'ils ont avec les ancêtres, la nature et le Do. Le masque est donc le trait d'union entre les Madarè, les ancêtres, la nature et le Do. Il est le symbole de la vie, de la fertilité, de la procréation, etc. C'est pourquoi, il occupe une place prépondérante dans la vie sociale, politique et économique des Madarè, mieux, il constitue le seul cadre de leur unité transcendant leur variabilité socio-linguistique. Enfin, les funérailles collectives représentent le symbole qui les unit à leurs ancêtres. C'est aussi le symbole qui prolonge leur vie dans l'au-delà et qui atteste de l'éternité de la vie madarè.

L'ensemble de ces symboles qui sont ancrés dans l'opinion publique en constitue les fondements matériels. Cette opinion publique est l'expression même de leurs sentiments, mieux, leur adhésion à l'ensemble des valeurs, des symboles de leur société. Cette adhésion se manifeste par leur participation volontaire, parfois obligatoire, dans tous les cas, enthousiaste et populaire, aux funérailles collectives qui sont des occasions de leur rassemblement dans leurs villages. Ils transcendent, à cet effet, leurs divergences de tous ordres. Par ailleurs, cette opinion publique s'est transformée, au cours des âges, en une véritable mentalité et en un ensemble d'idées et de valeurs ou en une réelle mémoire collective qui crée, oriente, modèle les états d'âme, les actes, les gestes collectifs, les jugements de valeur ? C'est à ce niveau que réside toute la psychologie des Madarè.

Au total, les coutumes madarè constituent le code des personnes, de la famille, de la société, conçu et élaboré judicieusement par les Madarè, à travers leurs expériences collectives séculaires. Ce code n'est pas le seul fait des hommes, il est surtout le fruit des perceptions et des préceptes du Do. La société madarè est un "Etat-Do". C'est pourquoi nous considérons le Do comme le dernier palier en profondeur de cette société.

Elle est une société théocratique, bâtie sur le Do, régie par les coutumes, structurée sur la base de la nature. La nature, la structuration sociale, les coutumes, le Do constituent les paliers en profondeur de la société madarè. Ces paliers se meuvent dans quatre cadres sociaux (l'être ensemble, l'avoir en commun, l'agir ensemble et la destinée commune). C'est sur cette double quadrulogie des cadres sociaux et des paliers en profondeur que va agir l'appropriation des technologies modernes dont nous mesurons les dimensions socio-économiques et sociopolitiques à travers l'étude de cas de huit villages que nous appelons sites de la recherche.

2.2. SITES DE LA RECHERCHE

Comme nous l'avons dit dans la méthodologie, nous avons choisi huit villages madarè pour constituer les sites de la recherche. Rappelons que la répartition de ces sites qui s'est faite sur la base des critères géopolitiques et socio-linguistiques est la suivante :

– zone centrale et "Syada" : Dogona et Kwa ;

– zone orientale et "Benguen-da" : Koro et Tondogosso

– zone occidentale et "Vori-da" : Koumi et Logofourso

– zone septentrionale et "Sogo-Kiré" : Bala et Bama, cf. carte 8.

Au niveau de la présentation des sites, nous allons, dans chaque cas, faire un bref aperçu monographique en décrivant leur historique, leur démographie, surtout leurs pratiques agricoles. C'est, dans cette optique, que nous présenterons successivement Dogona, Kwa, Koro, Tondogosso, Koumi, Logofourso, Bama et Bala (cf. figure 4).

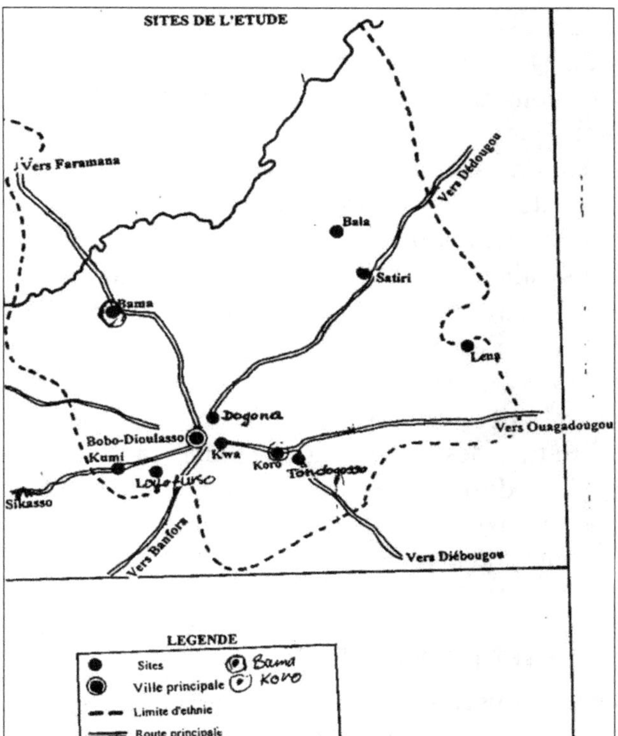

Figure 4 : Présentation des sites de la recherche
Source : THIAMOBIGA, 1998

2.2.1. DOGONA

Le village de Dogona est situé à l'extrême Nord-Est de la ville de Bobo. Il est limité au sud par les villages de Bindougousso, à l'Ouest par ceux de Sakabi et Niénéta, au nord par Dafinso, Sogossiamasso et à l'Est par celui de Léguéma. Il possède un point d'eau permanent qui est la rivière du Houet coulant du sud au nord et situé à l'ouest du village.

Au plan historique, Dogona, selon les anciens, a été créée par un chasseur Brahima venu du village de Sya à la suite d'une querelle de famille. Il aurait fait le rapt de la femme de son frère (Syara). Ayant franchi la rivière du Houet, il se réfugia à Dogona qui constituait aussi un lieu de chasse pour lui. Le nom de Dogona résulte de la déformation de Dogokou qui se traduirait littéralement par "je suis redevable à mon frère ou je dois à mon frère".

Ce nom rappelle l'histoire du rapt de Brahima qui, coutumièrement, est resté redevable à son frère de sa femme. Le village de Dogona est composé de deux quartiers l'un traditionnel où réside le lignage fondateur, l'autre composé essentiellement des musulmans. Dogona tend à devenir un des quartiers de la ville de Bobo ou du moins, il fait partie de la banlieue de Bobo-Dioulasso. Depuis 1983, il est devenu comme tous les quartiers de Bobo, le secteur 13.

Démographiquement, le village comptait 7053 habitants en 1985 ce qui pourrait être réactualisé à 9310 habitants. La population est composée de Bobo-fing. Elle comporte aussi des Bobo-dioula, des migrants notamment les Moosé. Cette population, dans sa majorité, pratique la religion traditionnelle du Do. On rencontre aussi des chrétiens et des musulmans. D'ailleurs, une grande mosquée a été construite dans le quartier musulman. Elle est le point des rencontres de deux quartiers formant ainsi une sorte de place publique.

Au plan organisationnel, Dogona est structuré, comme les autres villages madarè, mais avec une variante spécifique qui est due à la présence d'un quartier musulman. En effet, les structures du pouvoir local sont bâties essentiellement sur le "Kuri-vo" et sur l'Etat-Do.

Au plan pédologique, les sols de Dogona présentent une structure de type sablo-argileux dans leur ensemble, ce qui leur confère des qualités agronomiques appropriées au verger et au maraîchage. Le village recèle d'énormes potentialités agricoles. Il existe, aussi, des possibilités très appréciables pour l'élevage. Au niveau agronomique, les principales activités agricoles sont les cultures maraîchères et l'arboriculture (les vergers des manguiers). Compte tenu de l'importance de la pratique du maraîchage, nous avons réalisé une enquête socio-économique auprès de quelques maraîchers. Elle a consisté à déterminer le niveau technique des maraîchers et surtout, les possibilités financières et économiques qu'offre cette activité agricole à ces derniers (voir les pratiques économiques).

Au niveau des infrastructures socio-économiques, le village est en pleine restructuration. Il est en train d'être loti, ce qui va lui offrir, à court, moyen et long termes, des possibilités d'avoir de l'eau courante, de l'électricité et des voies aménagées. Actuellement, il est doté d'une école primaire. Il possède donc très peu d'infrastructures socio-économiques. Sa restructuration va le transformer, administrativement, en un quartier de la ville de Bobo. Elle pose des nombreux problèmes socio-économiques. Au niveau social, elle induira nécessairement une déstructuration et une restructuration du village. Il risque de subir des changements sociaux importants que nous analyserons plus loin.

De même, son agriculture va subir de grandes transformations. Ses terres agricoles ont été touchées par la restructuration foncière. Il va certainement devenir, de moins en moins, agricole. Même, s'il le restait tout de même, les producteurs tendront à employer des techniques agricoles intensives. Les spécialisations agricoles seront, entre autres, le maraîchage, le petit élevage. Ce village abandonnera, à long terme, son caractère agricole pour s'orienter vers les secteurs secondaire et tertiaire (petit commerce, recherche d'emplois dans les industries de la ville de Bobo).

En effet, les producteurs qui ne disposent plus des terres dans le village et à ses alentours sont contraints de devenir, de moins en moins, agriculteurs. Ceux qui continuent à faire l'agriculture vont dans les villages environnants pour la pratiquer. Dans la plupart des cas, ils ont tendance à faire des cultures maraîchères tout au long du Houet. Ainsi, le village compte plus de 150 maraîchers, des nombreux vergers constitués généralement de manguiers. Enfin, l'élevage tend à se développer. Une enquête menée auprès de cinq producteurs nous apprend que les cultures à grande échelle (maïs, sorgho), représentent 28 % et les productions animales et maraîchères et fruitières 72 % des sources de revenus des producteurs.

Les cultures maraîchères sont pratiquées par la majorité des chefs des exploitations agricoles. Cette culture est rendue possible par la rivière du Houet. C'est un point d'eau permanent dont le niveau, jusqu'en fin février de chaque année, offre des possibilités d'arroser les légumes.

Chaque maraîcher a son lopin de terre qui jalonne la rive orientale de la rivière. Grâce aux motopompes, il puise l'eau du Houet pour arroser leurs cultures soit par aspersion (avec arrosoir) soit par gravité (rigoles manuellement faites). En ce qui concerne la mise en place des spéculations, les maraîchers enquêtés procèdent à la préparation des pépinières auxquelles ils accordent une grande importance. Leur production en dépend largement. Généralement, les dimensions de ces pépinières sont fonction des superficies à mettre en valeur.

En moyenne, elles sont estimées au 1/10 de celles-ci. Elles bénéficient des soins particuliers (apport de fumure organique et minérale ; lutte anti parasitaire, etc.). Elles sont mises en place, en fin septembre, et ont une durée moyenne de 20 à 25 jours. Pendant cette période, les maraîchers préparent des planches qui recevront les jeunes plants. Leur confection est faite de manière manuelle. Elles ont des dimensions variables. Lorsque les planches sont prêtes et que l'âge de repiquage est atteint, les maraîchers procèdent à ce repiquage aux écartements variables selon les spéculations maraîchères qui sont choisies en fonction des besoins des exploitations et surtout des besoins du marché local. Les principales spéculations de Dogona sont : la laitue, les choux, les aubergines importées et locales, le piment, etc.

Au plan technique, les maraîchers se forment sur le tas, bénéficiant de très peu sinon pas du tout, d'encadrement. La conduite des techniques culturales est faite presque de manière traditionnelle en dehors de l'emploi des motopompes. D'une manière globale, les productions maraîchères et fruitières jouent un rôle très important dans l'économie de Dogona. L'étude des comptes d'exploitation montre que les produits maraîchers et les fruits y occupent une place déterminante. Nous citons, en exemple, trois des cinq exploitations enquêtées.

L'analyse de la structure des comptes d'exploitation illustre bien la place prépondérante des produits maraîchers et des fruits dans ces comptes. Ils représentent 64 % des produits chez Konaté K et Sanou I et 42 % chez Sanou A. Les cultures maraîchères et fruitières constituent le moteur de l'économie du village de Dogona.

Cet aperçu de Dogona fait de lui un village en pleines mutations socio-économiques qui tendent à le transformer en un village semi-urbain, voire urbain, pratiquant de moins en moins l'agriculture des grandes cultures. C'est donc un village en ville tout comme Kwa.

2.2.2. KWA

Le village de Kwa se situe à l'extrême Est de la ville de Bobo de part et d'autre de l'axe routier Bobo-dioulasso - Ouagadougou. Il est limité au Sud par Sirafalao, au Nord par le secteur 15 (Ouezzin-ville), à l'Ouest par le secteur 5(zone résidentielle B), à l'Est par Borodougou. Le nom du village Kwa serait une déformation du mot français « quoi ». Les anciens du village qui racontent l'anecdote de cette déformation la font remonter à l'arrivée du premier français dans ce village. S'étant adressé à la population par un interprète, il n'aurait pas entendu ce que cette population lui aurait dit par ce dernier. Il aurait alors posé la question "quoi" qui se transformera, par la suite, en Kwa. Le nom du village résulterait de cette déformation. Notons toutefois que le véritable nom serait Kud ou village situé du cours d'eau appelé kud.

Historiquement, le village de Kwa a été créé par un Madarè venu de la région de Fô, plus précisément, de Bambé à la recherche d'un site cynégétique. Il s'installa près d'un cours d'eau sacré dénommé Dogossou. Il aurait été suivi, plus tard, par des griots venus de Dioulasso-ba, par des forgerons et autres groupes sociaux. Ce village est composé de trois quartiers qui sont Pirama (quartier du lignage fondateur), Draon et Pina. Actuellement, il est constitué de deux secteurs ; l'un au Nord (secteur des autochtones), le secteur 24 et l'autre au Sud du village formé en majorité par les étrangers. Ce secteur est actuellement loti alors que les autochtones souhaiteraient qu'une partie du secteur 24, notamment celle qui représente le village souche, bénéficie du statut de Dioulasso-ba qui n'a jamais été loti et qui constitue, aujourd'hui, l'un des vestiges de l'histoire de la ville de Bobo.

Administrativement, le village de Kwa est composé des deux secteurs qui totalisaient une population de 1605 habitants, en 1985. Elle serait actuellement de 2440 habitants. Elle est composée de 51 % d'hommes et de 49 % de femmes.

Au plan économique, Kwa comme la plupart des villages de la banlieue de Bobo mène une gamme d'activités qui sont soit agricoles soit extra agricoles. Les activités agricoles se font sous forme de grandes cultures (céréales et coton) dans les champs de brousse qui sont parfois très éloignés du village (10 à 15 km). Dans le village même, il y a un manque de terres agricoles résultant de son lotissement partiel notamment, celui du secteur 25. Kwa n'est donc pas un grand producteur céréalier.

Outre, les grandes cultures, il existe de nombreux vergers aux alentours du village. Actuellement il vit plus des activités extraagricoles que celles des productions agricoles. Nous avons fait l'inventaire de l'ensemble de ces activités. Elles sont entre autres :

– les petits emplois de la ville (gens de maison, gardiens, ouvriers, etc.) ;

– le petit commerce pratiqué généralement par les femmes. C'est le cas des moutures des céréales, de la préparation du "soumbala", du dojo, etc. ;

– la fabrique des briques taillées dans les deux carrières du village ;

– l'élevage de la volaille, des porcins, etc.

2.2.3. KORO

Géographiquement, le village de Koro, limité à l'Est par les villages de Tondogosso, au Sud par ceux de Kouakoualé et Dingasso, au Nord par celui de Borodougou et à l'Ouest par celui de Pala, se situe à une quinzaine (15) de km à l'Est de la ville de Bobo sur l'axe routier Bobo-Ouagadougou, avec toutefois une bifurcation à droite et à 10 km de Bobo. Ce village est l'un des grands sites pittoresques du terroir madarè. Son originalité se cache à travers l'ingéniosité de l'architecture dont son fondateur a fait preuve en le bâtissant sur une colline.

En effet, son histoire révèle que l'ancêtre fondateur serait venu de l'Est du pays des Pougouli ou des Vigué à la recherche d'un site sécurisant. Il a fini par construire le village sur la colline, c'est-à-dire sur les rochers. Il aurait été accompagné par son frère aîné Kodoug pour les uns, Kodo pour les autres. Il aurait trouvé une population sur place dont le chef serait, Gwelema disent les uns (les vieillards) et il n'y aurait trouvé personne soutiennent les autres.

De même, le nom du village est assez controversé. Pour les uns il s'appellerait en Bobo "Korona" ce qui se traduirait par, « nous venons de l'Est » pour les autres Koro signifierait " ne jamais pouvoir percer le mystère du village", pour d'autres encore Koro signifierait, village situé au bas de la colline. Dans tous les cas, tous les vieillards du village enquêtés sont unanimes sur le fait que Koro ait été bâti suivant une position stratégique de sa défense contre les agressions, tous azimuts.

Ils acceptent tous de reconnaître que l'ancêtre du village est venu de l'Est et que Koro a fait l'objet des attaques des Dioula venus de l'Ouest. Cependant, ces attaques n'ont pas été sanctionnées par des batailles ; car les Dioula ne sont jamais arrivés à élaborer un plan d'attaque qui leur aurait permis de conquérir le village. Ils ont alors engagé des négociations avec l'enfant adoptif de ce village. Il aurait été un bébé abandonné aux abords du village. Son nom Katemaré signifie en bobo " enfant ramassé ". Cet enfant adoptif de Koro l'aurait épargné des attaques des Dioula en signant un pacte de sang avec le chef des Dioula.

C'est alors qu'il eut une cohabitation pacifique entre les Dioula, nouveaux venus et les lignages de Kodo. Cependant, les Dioula vont, petit à petit, s'imposer à leurs hôtes et sont même arrivés à prendre le pouvoir local en nommant l'enfant adoptif de Koro, Katemaré, chef de village. Mais le lignage fondateur de Koro reprendra le pouvoir politique du village grâce aux Sanon de Bobo-Dioulasso. C'est à partir de cette époque que le lignage de Kodo aurait pris le patronyme Sanon en guise de reconnaissance aux Sanon de Bobo-Dioulasso. Depuis lors, il est devenu un village bobo.

Au plan organisationnel, le village de Koro est réparti en quartiers auxquels le CAP Matourkou a affecté des numéros. Ainsi nous avons, aujourd'hui, Koro 1, Koro 2, Koro 3. Il est constitué d'un plateau au sud et d'une plaine marécageuse au pied de l'escarpement. Il est arrosé par un cours d'eau qui coule du nord au sud en se jetant dans la Bougouriba.

Les études pédologiques réalisées par le CAP Matourkou distinguent trois grands types de sol :

– les sols sablo-argileux ou "yégne fourou" en bobo ;

– les sols gravillonnaires ou "dego lo loma" en bobo ;

– les sols argilo-limoneux ou "véré" en bobo cas de sols de la plaine.

Le village a des potentialités agricoles appréciables, même s'il connaît un facteur limitant non négligeable à savoir, l'étroitesse de son terroir.

Quant à sa population, elle était de 1992 habitants en 1985. Elle serait actuellement, de 2550 habitants. La population est à 58 % jeune. Elle est composée de 51 % de femmes et 49 % d'hommes. Elle pratique essentiellement l'agriculture dont les principales caractéristiques sont :

– culture attelée dominante menée par les 76 % des producteurs ;

– culture manuelle en voie de régression (24 % des producteurs la pratiquent) ;

– emploi des intrants agricoles notamment les engrais minéraux.

Culturellement, le village constitue un pôle d'attraction pour touristes à cause de son architecture. C'est ainsi qu'il a servi de site du tournage du film Sarawounia. Outre son aspect touristique, il possède des nombreuses cérémonies socio-culturelles dont les plus importantes sont :

– le "Yawero" célébré lors des funérailles et de la danse des masques ;

– le "Do" ou culte de la sortie des masques et des initiations ;

– le "Sanka" cérémonie de demande de protection du village ;

– le "Koyofri" qui est la sortie de tribunal rituel dont le rôle est de châtier les malfaiteurs du village (sorciers) ;

– le "Kouraba" qui est célébrée lorsque la saison de pluies est mauvaise marquée par des poches de sécheresse prolongée susceptibles de compromettre la campagne agricole. Elle consiste à implorer la clémence de la nature.

Au plan technique, le village de Koro a bénéficié de l'action de Matourkou, servant ainsi de village pilote des technologies agricoles modernes telles que la culture attelée, l'aménagement de terroir, la création des groupements villageois, le crédit agricole, etc. Cette action a cessé depuis 1983. Le relais de son encadrement technique a été effectué par le CRPA/HB qui l'a transformé en une unité d'encadrement agricole (UEA).

L'action de Matourkou et celle du CRPA et des autres organismes (ONG), RAN (Régie Abidjan Niger), UNICEF, etc. ont contribué à la création de quelques infrastructures socio-économiques à Koro. Il s'agit, entre autres :

– de l'aménagement du réseau routier ;

– de l'école primaire publique à trois classes ;

– d'un complexe socio-sanitaire (dispensaire et maternité) ;

– d'une carrière ou usine de broyage des pierres de la société des chemins de fer du Burkina (SCFB) ex RAN dont nous avons parlé plus haut ;

– d'un terrain de football ;

– d'un moulin à céréales ;

– etc.

De cette présentation du village de Koro, nous retiendrons qu'il a servi de village pilote à la plupart des innovations technologiques que connaît la région de l'Ouest du Burkina. Il constitue un site qui mérite d'être exploré par notre recherche. Il peut être considéré comme le laboratoire de la plupart des théories de développement agricole en cours d'expérimentation au Burkina. Sur ce plan, nous pouvons dire que Koro a été une tache d'huile pour le village de Tondogosso.

2.2.4. TONDOGOSSO

Le village de Tondogosso comme celui de Koro est situé à l'Est de la ville de Bobo sur l'axe routier Bobo-Diébougou à une vingtaine de km. Sur le plan géographique, le terroir de Tondogosso est limité :

– au Nord par le village de Yégueresso
– à l'Ouest par celui de Koro
– au Sud par Baré
– à l'Est par Sogossarasso

Il occupe un vaste plateau parcouru par quelques réseaux hydriques. Ce plateau est constitué, dans son ensemble, par des sols de type sablo-limoneux dans ses parties centrales et occidentales et des sols agro-sablonneux dans ses parties orientales et Sud. On y rencontre aussi des sols gravillonnaires. Au niveau des précipitations, Tondogosso enregistre une pluviométrie annuelle variant entre 900 et 1100 mm.

L'histoire du village de Tondogosso est celle de deux frères Gouélé et Dosso son frère aîné qui, partis de Bororela, seraient venus s'installer dans le village de Yégueresso qu'ils créèrent. L'aîné était marié et aimait une vie sociale paisible. Un jour son cadet, célibataire, a rencontré une fille de Borodougou, qui ayant quitté ses parents, à leur insu, vint habiter avec lui chez son frère. Ses parents, partis à sa recherche, la retrouvèrent à Yégueresso puis la ramenèrent à Borodougou. Cependant, elle revint chez son amant. Le père de la fille Gwogo se trouva en conflit avec Dosso le frère aîné de Gouélé, qui, pour éviter un conflit ouvert avec Borodougou, lui demanda de quitter le village pour chercher refuge, ailleurs.

Ils allèrent, ensemble, à la chasse au cours de laquelle ils découvrirent un endroit propice au refuge. Ils y firent un tas de cailloux comme point de repère. C'est ce tas de cailloux qu'ils appelèrent en Bobo " Tondogo-hon " (tas de pierre ou de cailloux). C'est ce mot bobo qui sera transformé, plus tard, par l'administration en Tondogosso. C'est ainsi que l'ancêtre de Gouélé créa le village qu'il occupa après avoir accompli des rites avec son frère aîné de Yégueresso, en immolant sur le "Tondogo-hon " ou le tas de cailloux une poule blanche.

À sa création, le village formait un bloc de maisons. Ce bloc fut réparti en quartiers qui se constituaient, selon l'arrivée et l'installation des différents lignages de Tondogosso. Ces quartiers sont :

– Pitakon c'est à dire sous le baobab

– Wikon, quartier situé au centre du village

– Guauintinguikon qui signifie souffrir pour s'installer

– Yéguewilon ceux qui viennent de Yégueresso

– "Flaking" a été créé par les peulh qui sont venus par la suite.

Le village de Tondogosso avait en 1985, 824 habitants. Elle serait aujourd'hui de 1088. Cette population est administrée, au plan coutumier par la chefferie traditionnelle qui est détenue par le lignage fondateur.

Au plan technique, le village de Tondogosso est le siège de l'unité d'encadrement agricole (UEA) dont il porte le nom. Cette UEA est composée de sept villages dont Tondogosso, Yéguérésso, Gnamadougou, Borodougou, Baré, Koro, Pala. Sa population était de 10 043 habitants en 1990 répartie en 1082 exploitations agricoles familiales dont elle assure l'encadrement technique. Cet encadrement est essentiellement bâti sur les activités de travail de groupe (ATG). Les activités de visite des exploitations (ASVE). Les ATG sont généralement menées dans les champs-écoles ou lieux d'apprentissage des producteurs agricoles. Elles (les ATG) regroupent environ 50 producteurs agricoles ayant choisi des thèmes techniques qu'ils cherchent à découvrir et/ou à approfondir. Ayant appris les techniques à ce niveau, ils retournent chez eux et essaient de la mettre en pratique dans leurs exploitations. L'agent d'encadrement les aide, à cet effet, en assurant un suivi technique. Il mène alors les ASVE.

Economiquement, Tondogosso est un village qui vit de l'agriculture et de l'élevage. L'équipement agricole moderne est important. Il comporte 160 bœufs de trait, 34 charrettes, 80 charrues, etc.

2.2.5. KOUMI

Le village de Koumi se situe à une vingtaine de km à l'ouest de Bobo sur l'axe routier Bobo-Orodara. Il est limité à l'est par la ville de Bobo, au sud par les villages de Logofourso, Samangan et Matourkou, au nord par ceux de Nasso, Kokorowé, Dinderesso et à l'ouest par le village de Tiara. Il se trouve sur la rive occidentale de la rivière du Kou qui coule du sud au Nord.

Historiquement, Koumi a été créé par Ouatara Mân, venu de Kimi et ayant transité par Sya où résidait son frère cadet. Parti à la recherche d'un site cynégétique et des terres fertiles, il s'installa à Koumi qui possédait ces potentialités. Son frère cadet qui lui rendait visite disait que son aîné était installé au-delà de la rivière. Ce qui aura, plus tard, une double signification pour Koumi. La première réside dans le fait historique qui a amené le cadet à reconnaître en Koumi le village de son frère aîné.

Ce fait socio-historique donnera un rôle déterminant à Koumi dans l'histoire des Madarè. Il deviendra, en effet, le berceau des Vori et par conséquent la capitale du "vori kôma" ou du "vori da". La deuxième signification porte sur le nom Koumi qui dériverait de la déformation de Kourima : nom que le frère cadet de Mân attribua au village. Kourima signifie, en effet, au-delà de la rivière (expression qu'employait son frère cadet lorsqu'il venait lui rendre visite). Ainsi, Koumi est le village de l'aîné situé au-delà de la rivière du Kou.

L'histoire de Koumi nous apprend deux faits majeurs. Son fondateur est du lignage des Ouattara et il est la capitale des Vori. Le premier fait donne le patronyme Ouattara au lignage fondateur, qui aujourd'hui, se présente sous celui de Sanou. La légende lie ce changement de patronyme au mixage culturel qui s'est fait entre les Zara (Bobo-dioula) et les Bobo-fing. En effet, le fondateur Ouattara Mân est issu du lignage des Ouattara de Dioulasso-ba. Il serait l'aîné de ce lignage, c'est pourquoi la zone qu'il fonda fut appelée "vori da" ce qui signifie la zone de l'aîné.

De ce fait, le village de Koumi est la capitale des vori (des aînés). D'ailleurs, le titre vori fait de lui la plaque tournante de l'histoire des Madarè. Il serait, en réalité, leur capitale si les villages étaient organisés autour d'un pouvoir central. Ce qui suscite, même, aujourd'hui, une querelle opposant Koumi à Dioulasso-ba qui se considère comme la souche mère de Koumi. Pour Koumi, il est l'aîné des Madarè. Or, la chefferie, chez les Madarè, est attribuée à l'aîné. Partant de ce fait socio-historique, Koumi fait valoir ses droits d'aîné. Etant le village de l'aîné, il aurait alors sous sa tutelle Dioulasso-ba. Koumi n'a jamais accepté de se soumettre à Dioulasso-ba, même, sous la chefferie des cantons à l'époque coloniale.

En toute réalité, il s'agit là des querelles de type familial. Elles n'ont, aucun fondement politique du moment où il n'existe aucun pouvoir politique central chez les Madarè. Chaque village est politiquement souverain. Par les anciens, nous avons aussi appris que le premier habitat de Mân existe encore de nos jours. Il est appelé communément "Konsa" ou maison mère de Koumi. II constitue un monument historique pour ce village.

Géographiquement, le village de Koumi présente un relief assez accidenté. Ses sols sont de type sablo-argileux et argilo-sableux de couleur grise et ayant un aspect gravillonnaire. Démographiquement, la population de Koumi était de 3746 habitants en 1985. Elle serait aujourd'hui de 5722 habitants. Elle pratique majoritairement le Do bien qu'il fût l'un des premiers villages à recevoir les missionnaires catholiques. En effet, Koumi abrite, depuis 1937, le grand séminaire Saint Pierre Claver (le tout premier du Burkina voire de l'Afrique Occidentale).

Au niveau des infrastructures, Koumi a une école primaire à quatre classes, un complexe socio-sanitaire composé d'un dispensaire et d'une maternité, une chapelle, quelques forages de puits. Malgré la présence du grand séminaire (l'influence du catholicisme) et la proximité de la ville de Bobo (situé à une vingtaine de km de celle-ci), Koumi est un village essentiellement traditionnel. Nous pouvons même affirmer qu'il constitue la citadelle de la tradition madarè. Nous l'avons découvert par les nombreuses pratiques coutumières du Do et surtout par son attitude de rejet des innovations technologiques agricoles. Nos enquêtes révèlent que seules trois exploitations pratiquent la culture attelée.

De même, l'emploi des intrants agricoles et autre matériel agricole moderne est inexistant. En effet, aucune association de type nouveau comme le groupement villageois n'a été créée à Koumi. Nous avons, lors d'une discussion, amené les notables de Koumi à débattre de l'éventualité de créer un groupement villageois à Koumi. Il en ressort que ces notables trouvent cette création inopportune et inutile. Pour eux, le village a déjà ses propres strucutres dans lesquelles la population se retrouve pour entreprendre des actions de développement. Cet avis n'est pas partagé par les jeunes qui ne peuvent, cependant, créer le groupement que si les notables leur donnent l'autorisation. Le village pratique une agriculture traditionnelle.

2.2.6. LOGOFOURSO

Le deuxième village vori (après celui de Koumi) est Logofourso qui lui ressemble beaucoup au plan des coutumes et des pratiques agricoles. Ce village est situé au sud-ouest de la ville de Bobo à 11 km de celle-ci sur l'axe routier Bobo-Orodara. On y accède par une bifurcation à gauche à partir du village de Samgan. Les villages limitrophes de Logofoursso sont Samagan à l'est, Koumi à l'ouest, Dindéresso au nord et Matourkou (village Tiéfo) au sud. Il a été bâti à côté d'un cours d'eau permanent le "zaka pégué".

Logofourso serait défini comme étant "le village de la paix et de la liberté". La légende raconte qu'il a été créé par des gens qui étaient à la recherche d'un endroit paisible où ils pouvaient mener des activités agricoles et cynégétiques en toute quiétude et en toute liberté. En effet, le fondateur du village serait venu de Soungalodaga à la recherche des terres fertiles et d'un site giboyeux. Il aurait été rejoint par d'autres lignages venant des villages voisins Koumi, Nasso, Samagan. Comme à Koumi, le lignage fondateur est issu des Ouattara.

Le village de Logofourso avait une population de 1770 habitants en 1985 estimée aujourd'hui à 2766 habitants. Au niveau de sa structure, les femmes représentent 55 % et les hommes 45 %. Par rapport à l'âge, les jeunes de moins de 20 ans sont majoritaires 53 % de la population.

Au plan de la composition socio-ethnique, Logofourso est dans sa totalité constitué des madarè, notamment de sa frange Vorè. Par ailleurs, sa position géographique fait de lui, un village assez encastré. Il dispose d'un d'espace très limité situé à 3 km de Samagan, à 3 ou 4 km de Matourkou, à 4 ou 5 km de Koumi. Territorialement, le village a une marge de manœuvre très limitée. Il a très peu de terres cultivables ce qui contraint un grand nombre de jeunes à migrer vers les villages voisins, Matourkou, Dingasso, voire vers les villages éloignés (Vallée du Kou, Banzon, Mangodara etc.). Les sols sont sablo-argileux, gravillonnaires (au bas de la colline) ayant une profondeur variable.

Economiquement, le village outre la production céréalière, fait du maraîchage, mais très peu d'élevage. Le petit commerce y est assez développé grâce à la ville de Bobo. Il porte sur la vente de bois, des légumes, etc. De même, il a beaucoup de rapports économiques avec cette ville. Il lui fournit essentiellement la main-d'œuvre ; des jeunes y sont très souvent employés en qualité des gens de maison ou dans les unités agro-industrielles, voire dans les projets.

Au niveau des infrastructures socio-économiques, le village en est très peu doté. Ainsi, il ne possède aucune route praticable. Seule une piste agricole le relie à la route nationale n□8, située à trois km du village. Il s'agit de l'axe routier Bobo-Dioulasso - Orodara. Actuellement, ses infrastructures socio-économiques se limitent à une école de 6 classes, à un poste de santé primaire (non fonctionnel) à trois forages (en panne). Culturellement, il existe des nombreuses associations traditionnelles des jeunes. Nous pouvons citer, entre autres, le "léguéré", le "Komothon", le "Konothon", le Borothon", le "Doubathon" et la troupe "Séléna". Au plan organisationnel, nous retrouvons les mêmes structures socio-politiques.

Au niveau agricole, Logofourso a été l'un des premiers villages madarè qui ont été choisis pour faire partie de l'action de Matourkou. Il a été, par la suite, éliminé de celle-ci pour diverses raisons, la principale étant d'ordre socio-psychologique. En effet, le village n'acceptait pas les innovations technologiques qui lui ont été proposées. De nos jours, son attitude n'a pas beaucoup varié. Il abrite, certes, le siège de l'unité d'encadrement agricole (UEA) sans pour autant être très impliqué à la vulgarisation agricole. D'ailleurs, les données agricoles l'attestent. Actuellement, il compte moins de cinq producteurs qui pratiquent la culture attelée. L'emploi des intrants agricoles est très rare, sinon inexistant.

De tout ce qui précède, le village se présente, aujourd'hui, comme un village de tradition, très peu ouvert au processus de modernisation. Il vit presque replié sur lui-même. À ce niveau, il ressemble énormément à Koumi. Ce qui, d'ailleurs, confirme l'hypothèse que nous avons émise en présentant la zone occidentale du terroir madarè comme étant fermée au double plan géographique et culturel. Logofourso et Koumi constituent donc les sites où la culture traditionnelle est dominante. Sur ce plan, ils sont différents de Bama.

2.2.7. BAMA

Le septième village que nous étudions est Bama. Il se trouve à une trentaine de km au Nord-Ouest de Bobo sur l'axe routier Bobo-Koutiala (République du Mali

Au plan historique, la légende racontée par les anciens du village (notamment l'actuel chef Sanou Lassina Kolo) dit que le village de Bama a été créé par un jeune chasseur de mère sembla du village de Toronso. Elle aurait été mariée au Mali, probablement dans la région de Sikasso d'où elle fuira pour revenir dans son village natal. Déjà enceinte, elle accoucha d'un garçon qui quittera, plus tard, sa famille pour aller à la chasse.

Il parvint à un endroit très giboyeux et poissonneux où il élit domicile et ne revint plus à la maison familiale. Un jour, son frère cadet le retrouva à cet endroit et essaya, en vain, de le ramener en famille. Il demeura à cet endroit en disant à son frère en bobo "Bamban" ce qui veut dire littéralement je vais "me débrouiller". Son frère cadet repartit. PLus tard, le fondateur du village aurait reçu le message d'un caïman qui lui aurait dit notamment "moi je m'appelle Banwo, tu auras une grande prospérité si tu acceptes de demeurer ici et si tu acceptes de suivre ce que je te dis".

Le chasseur accepta ce message et nomma la rivière banwo en souvenir du nom du caïman et son village Bama. Il se maria et eut un fils qu'il appela Bamassin (enfant de Bama) qui lui succédera à sa mort.

Au niveau coutumier, la durée de règne d'un chef est de sept (7) ans. Lorsqu'un chef coutumier meurt, le village est mis sous régence pendant sept ans. Cette régence est assurée soit par la famille du chef décédé soit par un conseil des anciens. Actuellement, le village est à la fin d'une régence et se prépare à désigner un chef coutumier.

Dans l'histoire des Madarè, Bama a été le point de mire de la farouche détermination de ce peuple à combattre toutes formes d'agression extérieure. Il est devenu célèbre par la bataille de Bama. Elle a eu lieu en 1893 selon Ciré Ba I alors que Bama était à son apogée. Elle a été provoquée par Traoré Tiéba roi du Kénédougou, qui était pourtant un neveu de Bama.

Ce fut sous le règne de Zélélou Sanou de Dioulasso-ba (la capitale de Sya) qui grâce à l'alliance qu'il scella avec les Tiéfo et les Dioula et surtout avec l'intervention miraculeuse du génie de Banwo (le caïman protecteur de Bama) est arrivé à vaincre Traore Tiéba. Ce dernier aurait été empoisonné par une femme (albinos) qui lui aurait apporté un plat de couscous de fonio sous l'ordre du caïman Banwo. C'est depuis lors que la bataille de Bama est entrée dans la légende des Madarè. Aujourd'hui, il est rendu célèbre par la création de la coopérative de la Vallée du Kou dont nous avons parlé plus haut.

Au plan démographique, le village constitue une zone qui a subi une forte migration suite à l'installation des colons (riziculteurs) venus d'horizons divers du Burkina pour occuper la plaine aménagée de la Vallée du Kou. Administrativement, Bama est devenu une commune rurale qui compte 17 villages.

La structuration des groupes socio-ethniques de la Vallée du Kou établie par les enquêtes de Ouédraogo D. en 1980 fait ressortir le peuplement suivant : Bobo 23 %, Bobo-dioula 19 %, Moosé 44 % et autres 14 % (Samogho, Tiéfo, Toussians, Siamou, Bwaba, Dioula). Selon nos enquêtes, le village de Bama compte, aujourd'hui, vingt-huit (28) ethnies.

Au niveau agricole, le village est devenu, actuellement, le carrefour des technologies agricoles de pointe. Il abrite une antenne de l'Institut d'Etudes et Recherches Agricoles (INERA) qui y a expérimenté bon nombre de paquets technologiques en matière de production de riz et des fourrages. De même, il pratique la riziculture irriguée qui est rendue possible depuis l'aménagement de la plaine.

Outre la riziculture irriguée, Bama a une coopérative maraîchère qui ne fonctionne plus pour raisons diverses. Les producteurs pratiquent les cultures pluviales des autres céréales.

De la présentation succincte de Bama, il se dégage qu'il constitue un site intéressant pour notre étude, quand on sait qu'il cherche à s'approprier l'une des technologies agricoles de pointe (la riziculture irriguée). A ce niveau, il ressemble beaucoup au village de Bala qui abrite une autre technologie de pointe : la culture motorisée.

2.2.8. BALA

Le village de Bala est situé au nord et à une soixantaine de km de Bobo sur l'axe routier Bobo-Dédougou. Il est limité au nord par les villages de Bassara et de Békuy, à l'est par ceux de Satiri et de Kadomba à l'ouest par ceux de Koundougou, Dandé et au sud par celui de Samadeni.

Ce village aurait été créé par deux frères chasseurs dont l'aîné serait Kibaré. Ils seraient venus du village de Bâ et appartiendraient au lignage des Ouattara de ce village. Partis de Bâ, ils auraient transité par Lara (village qui n'existe pas aujourd'hui). La légende n'arrive pas, à donner une signification au nom du village Bala. Il dériverait des noms des deux villages Bâ et Lara. Le nom Bala aurait été donné à ce village en souvenir du village d'origine (Bâ) et celui par lequel Kibaré et son frère cadet auraient transité. La légende affirme que Kibaré est le fondateur du village où il venait faire la culture des calebassiers. S'étant aperçu que cette culture, à cet endroit, réussissait bien, il se décida à s'y installer définitivement. Plus tard, il sera rejoint par le lignage des Millogo, venant de Satiri, et par des nombreux migrants Dafing, Bwa, Moosé. Au niveau socio-politique, le village est administré par la chefferie coutumière.

De par sa configuration géographique [répartition des quartiers) le village est constitué de plusieurs groupes socio-ethniques. En effet, sa population est composée des Madarè, des Dioula, des Dafing, des Moosé. Cette composition confirme l'hypothèse de l'ouverture réelle des villages madarè du Nord. Cette partie du terroir (madarè] est donc une zone de migrations. Ce qui lui donne les possibilités de diversifier ses activités socio-économiques. Ainsi, la présence des Madarè et des Mossé qui sont traditionnellement des cultivateurs fait de Bala un village essentiellement agriculteur. De même, la présence des Dioula et des Dafing, à éthique mercantile, lui confère un caractère commercial.

Enfin, la présence des Peuls, éleveurs de nature, indique que Bala fait de l'élevage. Ces caractéristiques socio-économiques font de Bala un village, à la fois, producteur agricole, éleveur et commerçant. Ce qui constitue des atouts énormes pour son développement économique et social.

Bala est l'un des villages madarè qui expérimenté par la motorisation dans les années 81. Il comptait à cette époque treize exploitations agricoles motorisées, Cette introduction s'est faite, sur la base de trois critères essentiels : le bon niveau technique des producteurs, le développement de la culture cotonnière et l'existence d'un terroir assez vaste. Le premier critère a été apprécié à partir du niveau technique de la culture attelée.

Le taux des exploitations agricoles pratiquant est de 78 %. Le deuxième critère fait de Bala l'un des gros villages producteurs du coton qui constitue une source importante de revenus susceptibles d'aider les producteurs à s'engager dans l'opération motorisation. Quant au troisième critère, c'est une des exigences de la pratique de la culture motorisée. Chaque motorisé doit disposer d'une superficie de 15 à 20 ha minimum. Bala qui remplissait les exigences techniques a été choisi comme village motorisé.

Aujourd'hui, Bala est en pleine restructuration ce qui ne lui donne plus les caractéristiques d'un village madarè. En effet, le mode de constuction de l'habitat est celui des tôles. Au niveau agricole Bala, grâce à l'adoption de la culture attelée à 76 % et de la culture motorisée 5 %, constitue un pôle d'intérêt pour notre recherche.

De la présentation du cadre de la recherche, nous pouvons dire que la société madarè a, aujourd'hui, deux faciès, l'un traditionnel, l'autre moderne. Elle est donc engagée dans le processus du développement moderne qu'elle cherche à s'approprier de nos jours. C'est dans cette optique que nous avons mené des travaux dans la perspective d'élaborer une théorie appropriative des technologies.

Le Burkina-Faso
aux éditions L'Harmattan

Dernières parutions

INDIVIDU HUMAIN, ÊTRE SOCIAL AU BURKINA FASO
Sanou Zézouma
Le docteur Sanou (1945-2015) était un médecin psychiatre renommé et reconnu. Chef de service en psychiatrie à l'hôpital de Bobo-Dioulasso. Il a rendu d'inappréciables services à la nation Burkinabé. Ce militant marxiste humaniste a toujours été conscient de son rôle intégré dans l'évolution de l'humanité et la réalité économique et culturelle de son continent. Cet ouvrage nous plonge dans sa pensée.
(Coll. Nomino ergo sum, 17.50 euros, 162 p.)
ISBN : 978-2-343-11500-9, ISBN EBOOK : 978-2-14-003433-6

LES JOURNALISTES ET LES ÉCRIVAINS BURKINABÈ FACE À LEURS RESPONSABILITÉS
Essai sur les «inquiéteurs»
Barry David
Cet essai traite du métier de journaliste au Burkina ainsi que de la fonction d'écrivain. L'auteur désigne les journalistes et les écrivains sous le vocable inédit d'« inquiéteurs », et s'attache à montrer que leur rôle a une vocation citoyenne, consistant à «plonger la plume dans la plaie» et à s'engager résolument aux côtés de leur peuple.
(Harmattan International Burkina Faso, 12.50 euros, 98 p.)
ISBN : 978-2-343-11591-7, ISBN EBOOK : 978-2-14-003065-9

COMBATTRE LE TRAVAIL DES ENFANTS ?
Politiques et acteurs d'une lutte controversée au Burkina Faso
Wouango Joséphine - Préface de Bernard Schlemmer
Depuis le début des années 1990, l'intérêt de la communauté internationale pour l'abolition du travail des enfants dans les pays du Sud est redevenu grandissant. La manière dont ce nouvel objectif, à la fois politique et social, est réapproprié et mis en pratique au Burkina Faso constitue le cœur de cet ouvrage. Il est important de mieux comprendre la place précise du travail dans la vie des enfants travailleurs (et de leurs familles) afin d'élaborer des politiques et des actions durables pour les aider.
(Coll. Logiques sociales, 30.00 euros, 298 p.)
ISBN : 978-2-343-11117-9, ISBN EBOOK : 978-2-14-002981-3

DIDACTIQUE DE LA LITTÉRATURE DANS L'ENSEIGNEMENT ET L'APPRENTISSAGE DES LANGUES ÉTRANGÈRES EN AFRIQUE AU SUD DU SAHARA – Regards croisés
Sous la direction de Bationo Jean-Claude
Dans un contexte de mondialisation et d'internationalisation, les coauteurs montrent avec conviction et satisfaction que la didactique de la littérature, bien qu'elle soit à l'état d'émergence en Afrique au Sud du Sahara, est non seulement indispensable, mais aussi est une chance à saisir pour redynamiser les cours de langues en motivant les élèves et étudiants africains francophones à s'intéresser davantage à l'enseignement des langues seconde et vivante étrangères telles que l'allemand, l'anglais, l'arabe, le français, l'espagnol, l'italien, le portugais, etc., et à mieux appréhender la culture contenue et véhiculée dans et par la littérature.
(Harmattan International Burkina Faso, 39.00 euros, 400 p.)
ISBN : 978-2-343-11169-8, ISBN EBOOK : 978-2-14-002896-0

LA MAIN BLANCHE
Francis WolffGwenn, photographe de mode vivant à Paris, décide de prendre du recul et part pour l'Afrique noire à la découverte des hippopotames. Au Burkina Faso, elle rencontre Parfait qui travaille dans un orphelinat à la protection des albinos et se prend d'amitié pour Nasirou, un enfant aux mains blanches... « Un film fort, choc. » (www.orne-hebdo.fr). « Francis Wolff a choisi la fiction pour dénoncer la vie difficile des enfants albinos en Afrique. » (Ouest France)
(20 euros ISBN : 978-2-336-31254-5)

RÉCITS DE VIE AU BURKINA FASO
Enjeux, rhétorique, réception
Sankara Edgard
Écrire sa vie ou celle d'autrui est une pratique relativement récente au Burkina Faso. Depuis une trentaine d'années, on assiste à une efflorescence de récits de vie produits par des hommes politiques, des syndicalistes, d'anciens fonctionnaires africains sous la colonisation, des chercheurs, ainsi que par des citoyens ordinaires. Cet ouvrage se veut pionnier par son effort de faire l'inventaire des productions de cette pratique nouvelle au Burkina Faso et d'en situer les enjeux historiques et nationaux.
(21.50 euros, 208 p.)
ISBN : 978-2-343-09877-7, ISBN EBOOK : 978-2-14-001606-6

PÉDAGOGIE DE LA DOCTRINE SOCIALE DE L'ÉGLISE ET RENFORCEMENT DU CAPITAL SOCIAL
Le milieu paysan du Burkina Faso
Kpoda Mwinniakpeon Victorien
Dans un pays comme le Burkina Faso, où la paysannerie représente encore 80 % de la population, quelle pastorale sociale centrée sur la question paysanne l'Église peut-elle mener ? Comment permettre à cette majorité marginalisée d'individus de devenir des artisans de leur propre avenir et des protagonistes du développement social et économique de toute la nation ? L'auteur explore le concept très controversé de capital social que l'Église gagnerait à renforcer. Ce capital serait la base et le moyen de tout développement harmonieux, qui

ne diminue pas la dignité de la personne : une approche multi-variable au développement.
(Harmattan International Burkina Faso, 39.00 euros, 456 p.)
ISBN : 978-2-343-09816-6, ISBN EBOOK : 978-2-14-001553-3

MASSAALI EN QUÊTE DU MONDE
Recueil de contes gourmanché
Thiombiano Kontondia Joseph Herbert
Ce recueil de dix contes gourmantché constitue des leçons de vie à l'intention des jeunes, qui leur permettent de déduire des vérités morales. Ces contes aident à mieux nous connaître et à percer les arcanes du monde. Outil d'éducation et d'enseignement de la sagesse, l'œuvre appelle à un retour aux sources ancestrales africaines, berceau de la tradition orale aux trésors immenses et intarissables.
(Harmattan International Burkina Faso, 12.50 euros, 88 p.)
ISBN : 978-2-343-09815-9, ISBN EBOOK : 978-2-14-001534-2

LITTÉRATURE ET SCIENCES DE L'ÉDUCATION
Lectures interdisciplinaires
Ouattara Vincent
Dans la littérature tout comme dans les sciences de l'éducation, il s'agit avant tout de texte, comme la médiation par laquelle les différents spécialistes se comprennent et entrent dans une dynamique d'échanges et de complémentarité. Cet ouvrage est le fruit du travail de chercheurs, animés par le désir de partager des connaissances construites sur des thématiques relevant de la littérature et des sciences de l'éducation. Il explore de nouveaux champs d'étude et permet d'appréhender de quelle manière les travaux des spécialistes sont perçus par rapport à l'expérience de la vie quotidienne.
(Harmattan International Burkina Faso, 24.50 euros, 238 p.)
ISBN : 978-2-343-09826-5, ISBN EBOOK : 978-2-14-001528-1

JEAN-BAPTISTE NATAMA, UN NOUVEAU LEADERSHIP AFRICAIN
Par-dessus la barre haute – Entretiens
Mbao Gadj-Bis - Préface d'Elikia M'Bokolo
«Ma vision de l'avenir du Burkina Faso est celle d'un pays uni où l'homme et le peuple sont au cœur de toutes nos actions ; un pays où des femmes, des hommes, des jeunes, fièrement enracinés dans leur culture séculaire, regardent avec sérénité l'avenir qu'ils interrogent, planifient, affrontent avec courage et dignité ; un pays, une société en bonne santé physique et morale [...] résolument tournée vers le progrès et la paix, résolument ouverte sur l'Afrique et le monde.»
(30.00 euros, 296 p.)
ISBN : 978-2-343-06378-2, ISBN EBOOK : 978-2-336-38967-7

POLITIQUES DE THOMAS SANKARA ET DE BLAISE COMPAORÉ
Et enseignements de l'Église catholique
Compaoré André Roch
Du 7 novembre 1982 au 31 octobre 2014, de jeunes officiers ont instauré un régime de terreur au Burkina Faso. C'était le même esprit du mal qui animait

les responsables : les «quatre chefs historiques», ensuite Thomas Sankara et après, Blaise Compaoré. Ces responsables étaient influencés par l'idéologie marxiste-léniniste sous la conduite du Parti africain de l'Indépendance (PAI). Au cours de ces trente-deux ans, ils ont violé les droits humains, commis des crimes économiques, menti au peuple... Cet ouvrage est l'expression, pour l'auteur, d'un devoir de vérité et de mémoire, c'est aussi un acte de foi et un engagement dans la nouvelle évangélisation.
(Coll. Politique et dynamiques religieuses en Afrique, 44.00 euros, 504 p.)
ISBN : 978-2-343-06840-4, ISBN EBOOK : 978-2-336-38731-4

BLAISE COMPAORÉ
Ou la fin non glorieuse de « Monsieur Bons Offices »
Sanon Moussa
Tout ou presque avait réussi à Blaise Compaoré depuis sa prise de pouvoir le 15 octobre 1987. À la tête du Burkina, il avait convaincu bon nombre de ses compatriotes qu'il était «bon». Mais il est chassé par la rue le 31 octobre 2014. Une triste fin pour celui qui enfilait très fièrement le costume de «Monsieur Bons Offices». Comment et pourquoi Blaise Compaoré est-il parti de si haut pour tomber si bas ?
(Coll. Points de vue, 12.00 euros, 92 p.)
ISBN : 978-2-343-05983-9, ISBN EBOOK : 978-2-336-38741-3

DEUX FIGURES IMPORTANTES DANS LA CULTURE DAGARA
Le Kontond et la Femme
Somé Mussaka
La culture Dagara est habitée par un monde d'êtres spirituels et par la femme dagara, lien culturel en transit entre les familles du père et du mari. Dans ce système, Kontond, être spirituel invisible et immanent aux choses matérielles, est le hérault civilisateur de l'homme dagara. Parachuté du ciel, il doit éduquer et conduire l'homme vers l'Invisible, le Naannmind, vivant en haut des cieux avec les ancêtres. Malgré les tentatives d'évangélisation, le culte de ces êtres est toujours aussi vivace : lisez plutôt !
(Harmattan Burkina Faso, 15.50 euros, 146 p.)
ISBN : 978-2-343-07109-1, ISBN EBOOK : 978-2-336-38935-6

MOTIVATION À LA FORMATION CHEZ LES INFIRMIERS AU BURKINA FASO
Quels bénéfices à se former ?
Kéré Adama
Au Burkina, quels sont les bénéfices escomptés pour lesquels les infirmiers s'engagent en formation professionnelle continue non diplômante ? Les infirmiers vont majoritairement en formation professionnelle continue non diplômante pour des motifs opératoires professionnel, identitaire et vocationnel. Il apparaît que les adultes ont pour la plupart des difficultés à énoncer leur motif d'engagement en formation, notamment le motif économique.
(Harmattan Burkina Faso, 26.00 euros, 254 p.)
ISBN : 978-2-343-07011-7, ISBN EBOOK : 978-2-336-38890-8

L'HARMATTAN ITALIA
Via Degli Artisti 15; 10124 Torino
harmattan.italia@gmail.com

L'HARMATTAN HONGRIE
Könyvesbolt ; Kossuth L. u. 14-16
1053 Budapest

L'HARMATTAN KINSHASA
185, avenue Nyangwe
Commune de Lingwala
Kinshasa, R.D. Congo
(00243) 998697603 ou (00243) 999229662

L'HARMATTAN CONGO
67, av. E. P. Lumumba
Bât. – Congo Pharmacie (Bib. Nat.)
BP2874 Brazzaville
harmattan congo@yahoo.fr

L'HARMATTAN GUINÉE
Almamya Rue KA 028, en face
du restaurant Le Cèdre
OKB agency BP 3470 Conakry
(00224) 657 20 85 08 / 664 28 91 96
harmattanguinee@yahoo.fr

L'HARMATTAN MALI
Rue 73, Porte 536, Niamakoro,
Cité Unicef, Bamako
Tél. 00 (223) 20205724 / +(223) 76378082
poudiougopaul@yahoo.fr
pp.harmattan@gmail.com

L'HARMATTAN CAMEROUN
TSINGA/FECAFOOT
BP 11486 Yaoundé
699198028/675441949
harmattancam@yahoo.com

L'HARMATTAN CÔTE D'IVOIRE
Résidence Karl / cité des arts
Abidjan-Cocody 03 BP 1588 Abidjan 03
(00225) 05 77 87 31
etien_nda@yahoo.fr

L'HARMATTAN BURKINA
Penou Achille Some
Ouagadougou
(+226) 70 26 88 27

L'HARMATTAN SÉNÉGAL
10 VDN en face Mermoz, après le pont de Fann
BP 45034 Dakar Fann
33 825 98 58 / 33 860 9858
senharmattan@gmail.com / senlibraire@gmail.com
www.harmattansenegal.com

www.ingramcontent.com/pod-product-compliance
Lightning Source LLC
LaVergne TN
LVHW021207061026
849535LV00008B/2621
* 9 7 8 2 3 4 3 1 3 0 3 8 5 *